HARDY KRÜGER JR.

mit Lisa Bitzer

Wendepunkte

Wie ich Kraft aus der
Veränderung geschöpft habe

HARDY
KRÜGER JR.

Wendepunkte

Wie ich Kraft aus
der Veränderung
geschöpft habe

Wer nur zurückschaut, kann nicht sehen, was auf ihn zukommt.

Konfuzius

Ich habe in diesem Buch bedeutende Episoden meines Lebens aufgeschrieben. Sie entstammen meiner Erinnerung, entweder so, wie ich diese Situationen erlebt habe, oder wie sie mir erzählt wurden. Ein Blick in die Vergangenheit ist stets sehr persönlicher Natur. Ich möchte, dass all die Menschen, die Teil dieser Erinnerung sind, wissen, dass ich niemanden kränken oder bloßstellen möchte.

Ich erzähle von vielen wunderbaren Menschen. Ich habe sie aus Respekt und Rücksicht auf ihr Leben häufig namentlich nicht erwähnt. Es ist mir wichtig, ihnen zu sagen, dass sie immer noch tief in meinem Herzen sind. Ich bin voller Dankbarkeit und Freude, dass es ihnen gut geht und sie glücklich sind.

INHALT

KAPITEL 1
N46°00'15.0" E8°57'25.6"
LUGANO, SCHWEIZ

Am 23. Januar 1968, genau neunzehn Tage nachdem in Süd-afrika die zweite erfolgreiche Herztransplantation der Welt vorgenommen worden war,[1] kehrten zwei Israelis und vierhundert-fünfundsechzig Ägypter in ihre Heimatländer zurück. Es waren die letzten Gefangenen des Sechstagekrieges, die von den Regierun-gen der beiden Länder ausgetauscht wurden.[2]

Am 12. März desselben Jahres entließ das Königreich Großbri-tannien den Inselstaat Mauritius in die Unabhängigkeit. Obwohl das Land zum damaligen Zeitpunkt zu den ärmsten Staaten der Erde gehörte, wurde die Loslösung von der Krone mit landeswei-ten Festlichkeiten gefeiert.

Acht Wochen später begannen die Friedensverhandlungen zwi-schen den USA und Nordvietnam, die einer mehr als dreizehn Jahre andauernden militärischen Auseinandersetzung ein Ende bereiten sollten.[3]

Vier Tage zuvor, am 9. Mai desselben Jahres, saß die vierund-zwanzigjährige Francesca Marazzi, genannt Coca, in Lugano im Ci-nema Iride, dem Lichtspielhaus der Stadt, und sah sich *In der Hitze der Nacht* an. Kurz bevor Chief Gillespie den von Sidney Poitier gespielten Detective Tibbs vor dem Lynchmob rettete, spürte die hochgewachsene Blondine mit der markanten, etwas zu lang geratenen Nase, die ihrem Gesicht jedoch das bestimmte Etwas verlieh und sie von den vielen schönen jungen Frauen Norditaliens unterschied, ein eindeutiges Ziehen im Unterleib und wusste: Das Kind würde nicht warten, bis der Film zu Ende war. Ihr Baby hatte es eilig.

Sie atmete die nächste Wehe weg. Da sie trotz ihres jungen Alters vor zwei Jahren bereits ein Mädchen zur Welt gebracht hatte, war ihr klar, dass die Zeit drängte. Kaum dass sie wieder zu Luft kam, stand sie auf, drängte sich, Entschuldigungen murmelnd, durch die Sitzreihe an den teilweise verärgert dreinblickenden Zuschauern vorbei und verließ das Kino in genau dem Moment, als die nächste Wehe kam und Francesca keuchend innehalten ließ. Mit zusammengebissenen Zähnen und nach Luft schnappend machte sie sich so schnell, wie sie konnte, auf den Heimweg.

Zu Hause angekommen, nahm sie die dreihundertzweiundsiebzig Stufen zum See hinunter, packte in aller Eile die nötigsten Dinge in eine Tasche und rief bei ihrer Mutter Jacqueline an, um ihr zu sagen, dass es losgehe. Das zweite Enkelkind war auf dem Weg – vier Wochen zu früh! Dann kletterte sie die dreihundertzweiundsiebzig Stufen zur Straße wieder hinauf, im Stillen den Mann verfluchend, der beschlossen hatte, ein Haus mit einem derart beschwerlichen Zugang zu bauen.

Als sie oben ankam, wartete ihre Mutter bereits im Wagen. Sie war eine Grande Dame, mit Stil und Temperament, sowohl beim Skifahren wie auch hinter dem Steuer eines Wagens. Und so drückte sie, kaum dass ihre Tochter, schwer keuchend ob des Aufstiegs und der mittlerweile im Minutentakt kommenden Wehen, die Autotür hinter sich geschlossen hatte, das Gaspedal durch und jagte die Serpentinenstraße entlang nach Lugano. In Rekordzeit erreichten Jacqueline und Francesca kurze Zeit später die Clinica Sant'Anna in Lugano – und keinen Augenblick zu früh. Denn das Baby machte gerade Anstalten, das Licht der Welt zu erblicken.

Als Jacqueline Stunden später ihren zerknitterten, aber kerngesunden Enkel vorsichtig in das Neugeborenenbettchen legte, fühlte sie sich wie die glücklichste Nonna auf Erden. Nicht einmal das entsetzte Gesicht ihres Mannes konnte sie aus der Ruhe bringen. Als der nämlich von einer Schwester zu dem Raum geführt wurde, in dem die Säuglinge Seite an Seite hinter einer Glaswand schliefen, und ihm den jüngsten Familienzuwachs zeigte, hob er in der für seine Mentalität typischen Geste die Arme und zog die Augenbrauen hoch. Sein Blick wanderte zur Krankenschwester, dann wieder zurück zum Bettchen, in dem sein Enkelsohn schlummerte. »*Eh, no!*«, meinte er anklagend und gestikulierte in Richtung der Scheibe. »*Non è possibile.* Das ist nicht möglich. Sind Sie sicher, dass das der Richtige ist?«

Die Krankenschwester, eine Süditalienerin aus Kalabrien mit haselnussbraunen Augen, einer Schwäche für die Filme mit Gina Lollobrigida und mit dem zuweilen merkwürdig-distanzierten Verhalten der italienischsprachigen Schweizer nicht vertraut, zuckte nur die Schultern. Wenn Signor Marazzi der Anblick seines Enkels nicht gefiel, sollte er doch auf einen weiteren hoffen. Sie drehte sich um, schwebte gedankenverloren davon und überließ ihn sich selbst.

Attilio Marazzi indes starrte durch die Scheibe auf das winzige Neugeborene und fragte sich, wie dieses Baby, das wie ein aus dem Nest gefallenes Vögelchen aussah, eines Tages seiner Familie ein Oberhaupt sein sollte. Der Architekt, der das Stadtbild Luganos über Jahrzehnte geprägt hatte, trank seinen Espresso jeden Morgen in derselben Bar unweit seines Büros, im Stehen am Tresen wie alle Italiener. Rein äußerlich hätte man ihn für eine Figur aus den Filmen Coppolas halten können: Zurückgekämmte grau melierte Haare, Rollkragenpullover, ein maßgeschneiderter Anzug und auf Hochglanz polierte Lederschuhe verliehen ihm das Aussehen eines Hollywoodganoven aus *Little Italy*. Er liebte den Wein und die Pasta, und sein Auge für Winkel und Formen war außerordentlich. Der Anblick des Enkels irritierte ihn deswegen zutiefst.

Dieser Klops, rund wie eine Mozzarellakugel, war doch verwechselt worden! Das einzig Wohlproportionierte war der *pirolino* des Kleinen, wie Attilio bei einem heimlichen Blick in die Windel feststellen durfte.

O dio! Ganz untypisch für seine ansonsten eher aristokratische Haltung schüttelte Attilio den Kopf, seufzte, fluchte noch einmal leise auf Italienisch und ging dann davon, um ein Telex in die UdSSR zu schicken.

Dort, am Ende der Welt, inmitten der ewigen Schneewüsten, nahm Stunden später ein wodkatrunkener sowjetischer Bauer ein Schreiben auf der Poststation in Empfang. Iwan Schirjajew las den Inhalt, ernüchterte schlagartig und rannte zurück auf seinen Hof. Im Gegensatz zu ihm war sein Trecker noch nicht auf Betriebstemperatur, und so musste Schirjajew wertvolle Minuten verstreichen lassen, ehe der Motor ansprang und er zum Set fahren konnte, das die Filmproduktionsfirma ein paar Kilometer weiter irgendwo in der eisigen Tundra aufgebaut hatte. Doch endlich konnte es losgehen! Blind vor Aufregung übersah der Bauer beim Losfahren seinen Knecht Boris, welchen er versehentlich über den Haufen fuhr. Schirjajew sprang vom Trecker und fluchte. Was nun? Schimpfend wickelte er den leicht verletzten Mann in ein paar Decken und verfrachtete ihn in den Stall. Um Boris würde er sich später kümmern. Diese Nachricht konnte nicht warten.

Als er eine gute Stunde später am Set ankam, waren seine Wangen gerötet, und der Alkoholnebel hatte sich vollends gelichtet. Er wedelte mit dem Papier und rief: »*Gospodin Kruger! Это мальчик! Ура!* Es ist ein Junge, hurra!«

Gospodin Kruger, den meisten auf dieser Welt zu diesem Zeitpunkt besser bekannt als Hardy Krüger, konnte es fast nicht glauben. Seit Monaten fror er sich im russischen Winter, der offenbar niemals enden wollte, neben Sean Connery, Claudia Cardinale und Peter Finch die Zehen ab. Dass ein Film über die missglückte Luftschiff-Polarexpedition des italienischen Generals Umberto Nobile nicht in gemäßigten Breiten spielte, hätte klar sein müssen. Aber wie viel Kraft und vor allem Wodka es benötigte, in dieser kalten und trostlosen Umgebung eine Geschichte zu verfilmen, hatte er sich nicht vorstellen können, als man ihm das Drehbuch vorgelegt hatte. Umso erfreulicher, dass es nun einen Grund gab, die Zelte abzubrechen und so schnell in die Schweiz zu fahren, wie die damaligen Verhältnisse es ihm ermöglichten. Schon einen Tag später erreichte er seine junge Frau und den neugeborenen, knubbeligen Sohn, dessen Anblick ihn viel weniger schockierte als den Schwiegervater.

Die nun vierköpfige Familie zog in das unmögliche, wunderschöne Haus am See. Dreihundertzweiundsiebzig Stufen. Selbst für den sportlichsten Menschen waren die eine Herausforderung. Gäste der Krügers überlegten sich immer zweimal, ob sie nicht lieber zu sich einladen sollten, und wehe dem, der, oben an der kleinen Serpentinenstraße angekommen, die nach Süden in Richtung Italien führt und sich entlang des Lago di Lugano schlängelt, feststellte, dass er unten etwas vergessen hatte! Zum Glück gewöhnt sich der Mensch an alles. Und spätestens, wenn man über das wunderschöne Anwesen unten am Ufer flanierte und die großzügige Aussicht auf den See genoss, war der unweigerlich folgende Anstieg vergessen. Das Haus im Tessiner Baustil war in den Hang gebaut und von der Straße aus nicht zu sehen. Einzig eine winzige Parkbucht oben am Weg ließ vermuten, dass sich am Fuße des Berges, dem Wasser zugewandt, ein Grundstück befinden musste. Eine bessere Sicht auf das dreistöckige Anwesen, das bis heute von herrlichen Gärten flankiert wird, hat man nur vom Wasser aus. Wie viele Häuser, die einen eigenen Seezugang haben, verfügte auch dieses über eine Wassergarage, in der ein Holzboot parkte.

Dieses Haus, so einmalig und großartig, wie es war, hatte schon einige Menschen den letzten Nerv gekostet. Nicht nur, dass es für die Baumaschinen eine Meisterleistung gewesen sein musste, das Material zur Baustelle zu liefern. Für die Arbeiter war es eine wahre Qual. Wollten sie die Baustelle verlassen, mussten sie entweder dreihundertzweiundsiebzig Stufen den Berg hochlaufen – oder schwimmen gehen, was die wenigsten damals konnten, nicht mal diejenigen, die in der Nähe eines Gewässers aufgewachsen waren.

Als Kind liebte ich es, wenn Nonno Attilio, Zio Christian oder Mama Francesca meiner Schwester Malaika und mir diese und andere Geschichten erzählten. Und wir liebten das Anwesen, in dem wir in den ersten Jahren unseres gemeinsamen Lebens wohnten. Mein Vater war zu dieser Zeit schon ein richtiger Star, nicht nur in Deutschland, auch in Amerika. In den 1950er-Jahren war er zum Sonnyboy des deutschen Spielfilms geworden und in kürzester Zeit zum gefeierten Filmstar avanciert. Deshalb waren Malaika und ich die meiste Zeit allein mit unserer Mutter, dem Kindermädchen Anne und natürlich den Nonnas und Nonnos, die uns genauso verwöhnten, wie es sich für Großeltern eben gehört. Die Sommer und einen Großteil des Winters verbrachten wir mit ihnen. Ich sehe Nonna Jacqueline noch heute vor mir, wie sie in einem Sessel sitzt, tief in die Lektüre eines Buches versunken. Sie war sehr belesen, liebte das Kino und die Kultur. Und kochen konnte sie! Eine echte italienische Großmutter, wie man sie sich denken kann.

Von Nonno Attilio lernte ich alles über Stil und Benehmen. Wie sich ein Mann kleidet, wie er sich pflegt und wie er seinen Espresso trinkt. Ich glaube, ich bin nie einem eleganteren Menschen begegnet als ihm. Selbst wenn er Pasta zubereitete, wirkte er wie ein Gentleman.

Die Marazzis, also meine Großeltern, aber auch mein Onkel Christian und meine Tante Giovanna, prägten mich als Kind, genau wie das Leben in dem wunderschönen rosafarbenen Haus mit den türkisfarbenen Fensterläden, das am Fuße des Luganer Sees liegt.

Lugano, die Perle am Lago di Lugano zwischen Palmen und Gipfeln, eingerahmt von sanften Hügeln und einem beeindruckenden Bergpanorama, verbindet das alpine Lebensgefühl mit dem, was die Deutschen sehnsuchtsvoll »La Dolce Vita« nennen. Die Altstadt ist pittoresk, verwinkelt, mit zahllosen Treppen, die bergauf, bergab durch enge Gassen hindurchführen, über denen die frische Wäsche auf den Leinen hängt. Lugano, das bedeutet für mich das Meer der Farben. Turmalinblaues, beinahe karibisch anmutendes Wasser, saftiges dunkles Smaragd auf den umliegenden Bergen und der Himmel in Aquamarin darüber. Pistaziengrüne, zitronengelbe und roséfarbene Gebäude ringsum der *piazze*. Hier, am südlichsten Zipfel der Schweiz, ist Italien so nah, dass man es an jeder Ecke riechen, schmecken und hören kann.

Es sind diese besonderen Orte auf der Welt, in denen die Landesgrenzen verschwimmen, in denen eine Nation fließend in die andere übergeht, in denen Länder, Sprachen und Kulturen so eng miteinander verflochten sind, dass man sie kaum mehr auseinanderhalten kann. Die Straßen und Wohnungen Luganos sind erfüllt vom melodischen Singsang des Italienischen, auf den Plätzen wird mit vollem Körpereinsatz und großen Gesten gesprochen; *chiacchierare*, das italienische Wort fürs Tratschen, man sieht und lebt es in Lugano, in dem es doch so viel ordentlicher zugeht als im südlichen Nachbarland. Eidgenössische Disziplin trifft auf italienisches *dolce far niente*, das süße Nichtstun, das nördlich der Alpen belächelt, beneidet und zugleich bewundert wird. Lugano ist das Kind dieser unterschiedlichen Eltern – verführerisch, gediegen und gegensätzlich.

Hier lernten sich Francesca »Coca« Marazzi und Eberhard »Hardy« August Franz Ewald Krüger 1964 kennen. Ihre Beziehung stand zunächst unter keinem guten Stern, denn er war noch verheiratet und hatte bereits eine Tochter. Coca war eine Freundin von ihr, im selben Jahr geboren und gerade volljährig, doch die Anziehung zwischen den beiden Menschen war zu groß, als dass siebzehn Jahre oder damalige Konventionen eine Rolle gespielt hätten – geschweige denn eine andere Ehe. Hardy trennte sich von seiner Frau Reni, mit der er sich vor Jahren am See niedergelassen hatte, und heiratete 1965 die junge Tessinerin vom Fleck weg. Die Presse stürzte sich auf die beiden, schon damals war es eine verdammt gute Story: der charismatische Weltstar und die schöne Unbekannte. Francesca folgte ihrem Mann auf Galas, zu Presseterminen und an die Drehorte seiner Filme. Sie zogen in das Haus am See und führten ein Leben im Glamour. Lugano war in den 1960er-Jahren das Saint-Tropez der Schweiz, alles, was Rang und Namen hatte, traf sich dort, und die Krügers waren der schillernde Mittelpunkt. Mit dem Riva-Holzboot fuhren sie zum Einkaufen oder in die besten Restaurants am Platz, und wenn ihr Ziel keinen eigenen Anleger hatte oder über den Wasserweg nicht zu erreichen war, stiegen sie in das Mercedes-Cabrio meines Vaters und brausten die Serpentinen um den See entlang.

Francesca Marazzi war, bis ihr Leben von einem Weltstar durcheinandergewirbelt wurde, ein zartes Ding, das der Malerei und der Kunst verfallen war. Gemeinsam mit ihren Geschwistern Christian und Giovanna erlebte sie eine grundsolide italienische Kindheit und Jugend, geprägt von Mamas Pasta, Treffen auf der *piazza* und Ausfahrten auf den *motorini* an den Lido, den ihr Großvater entworfen hatte: ein wunderschönes Gebäude aus rot lackiertem Holz mit dunkelgrün eingefassten Fenstern und Türen. Über dem Eingang steht bis heute in großen weißen Lettern LIDO. Grün, Weiß, Rot, die Farben Italiens als Portal zum Strand, mitten in den Alpen.

Das Leben meiner Mutter änderte sich von einem Tag auf den anderen, von dem gemächlichen Treiben des südschweizerischen Städtchens wurde sie fast über Nacht in die große weite Welt und den Familienalltag mit zwei Kindern hineingeworfen. Sie hatte noch nicht viele Erfahrungen mit Männern gemacht, als sie mehr oder weniger in meinen Vater hineinstolperte, den Hollywoodstar, bekannt aus *Der Flug des Phönix* oder *Sonntage mit Sybill*. 1967 kam Malaika auf die Welt, im Jahr darauf konnte ich selbst das Ende von *In der Hitze der Nacht* nicht abwarten.

Da mein Vater häufig auf Drehs war, begleiteten wir ihn manchmal. Alle kamen mit, wie bei einer Karawane zogen wir von Ort zu Ort, von Land zu Land, es war ein unstetes, rastloses Leben, erfüllt von Aufregung und Abwechslung.

Die meiste Zeit blieb meine Mutter aber allein mit uns in Lugano. Beinahe selbst noch ein Kind, musste sie Verantwortung für Malaika und mich übernehmen – und trotz aller familiärer Unterstützung fiel das nicht immer leicht. Ich erinnere mich an viele Momente, in denen meine Mutter unter schrecklichen Migräneattacken litt und Anne, das Kindermädchen, das wir heiß und innig liebten, mit uns zum Spielen nach draußen ging, damit wir Mama nicht störten. Obwohl ich zugeben muss, dass ich die meiste Zeit des Tages sowieso mit mir selbst beschäftigt war.

Wenn ich mir heute Bilder von dem weißblonden Jungen mit dem abwesenden Blick ansehe, muss ich oft schmunzeln. Ich war ein Traumtänzer, mit dem Kopf in den Wolken, der das Leben aus neugierigen, zuweilen sehr eigenen Augen betrachtete. Man sagte mir, dass ich ein richtiger »Marazzi« sei, denn die Familie meiner Mutter hat seit jeher ein Talent für die schönen Künste, eine Schwäche für Ästhetik und einen Hang zur Melancholie.

Meine Tante Giovanna, die Schwester meiner Mutter, war in diesem Sinne eine wunderbare Seele von Mensch. Als Kind kannte ich niemanden, der so lustig und fröhlich war wie sie. Sie hatte Modedesign studiert und konnte fantastisch zeichnen. Wie meine Mutter war sie ein feingliedriges, zerbrechliches Geschöpf, hing oft ihren Gedanken nach und wirkte auf mich manchmal, als käme sie nicht von dieser Welt. Irgendwann wurde mir gesagt, dass Giovanna krank sei und gut auf sich aufpassen müsse. Ich verstand als Elfjähriger natürlich nicht, was Magersucht ist – und ich hätte es vermutlich auch nicht begriffen, wenn man es mir noch genauer erklärt hätte. Ich wusste nur: Giovanna ist krank, und wir müssen besonders lieb zu ihr sein. Als sie kurze Zeit später mit vierunddreißig Jahren an multiplem Organversagen starb, verursacht durch die jahrelange Krankheit, die sie nicht hatte bezwingen können, tröstete ich mich trotz meiner Trauer mit dem Gedanken, dass die lustige Giovanna irgendwo im Himmel auf einer Wolke saß und darauf wartete, bald wieder ihre Scherze mit uns treiben zu können. Vielleicht malte sie auch gerade ein Bild für mich? Obwohl noch

so jung, verstand ich intuitiv, dass das Sterben zum Leben dazu-
gehört und keineswegs das Ende darstellt. In meiner kindlichen,
naiven Zwischenwelt, in der ich zeit meiner ersten Lebensjahre
wandelte, stellte ich mir vor, dass Giovanna uns nur kurz verlassen
hätte, ich sie aber bald wiedersehen würde.

Im Laufe meines Lebens ist mir der Tod nicht nur einmal begegnet. Das Bild von der großen Wolke, auf der all die Menschen, die
bereits gegangen sind, auf mich warten, beruhigt mich bis heute.
Einige Seelen haben meiner Tante Giovanna bereits einen Besuch
abgestattet, und mit etwas Glück sind sie dort geblieben. Eines Tages wird auch meine Seele auf dieser großen Wolke sitzen. Aber
keine Angst, ich habe vor, mir bis dahin noch jede Menge Zeit zu
lassen, viele Abenteuer zu erleben und euch meine Geschichten
zu erzählen.

KAPITEL 2

S3°03'32.7" E37°22'27.4"

MOMELLA, TANSANIA

Ich bin ein Naturmensch. Am liebsten würde ich den ganzen Tag an der frischen Luft und im Freien verbringen, irgendwo da, wo Wiesen, Wälder oder Wüsten sind. Deswegen habe ich mich in Afrika auch immer wohlgefühlt. Bis heute ist es so, dass mich ein beruhigendes Gefühl des Ankommens ergreift, sobald mein Fuß das erste Mal nach langer Zeit wieder afrikanischen Boden berührt.

Afrika lässt einen nicht kalt – man liebt es oder man hasst es. Dazwischen ist nicht viel. Mich fasziniert dieser Kontinent voller Widersprüche. Schön und hässlich, laut und leise, ablehnend und willkommen heißend. Nirgendwo sonst klingt die Stille so wie in Afrika. Es ist niemals wirklich leise, selbst wenn nichts zu hören ist. Irgendwo rollt eben doch ein Mistkäfer seine Kugel zusammen, knackt ein Zweig, ruft ein Vogel, bricht ein Elefant durchs Unterholz oder zerreißt der Ruf einer Wildkatze die Nacht. Afrika spricht alle Sinne an. Es stinkt, blendet, kreischt, aber duftet auch, erfüllt und begeistert.

Sieben Jahre vor meiner Geburt, im Sommer 1961, übernahm mein Vater die männliche Hauptrolle in *Zwei unter Millionen*, einem deutschen Film, der die Geschichte von Karl und Christine erzählt. Der junge Mann aus dem Westen verliebt sich in Berlin in eine Ostdeutsche und hilft ihr, das Land zu verlassen. Mein Vater wollte in diesem Film seiner Heimatstadt ein Denkmal setzen – nur leider kam ihm der Mauerbau dazwischen. Denn mitten in den Dreharbeiten beschloss die sozialistische Führung, das Land abzuriegeln, allen »Niemand hat die Absicht, eine Mauer zu errichten«-Dementis zum Trotz.

Aber wie heißt es so schön? Ein Dementi ist der verzweifelte Versuch, die Zahnpasta zurück in die Tube zu bekommen. Es begann mit einem Stacheldrahtzaun, nur wenige Tage später folgten die ersten Mauersteine. Für meinen Vater war dies ein einschneidendes Erlebnis und derart traumatisierend, dass er Berlin nach Ende der Dreharbeiten für Jahrzehnte nicht mehr besuchte. Er verließ jedoch nicht nur die Stadt – er verließ auch Deutschland. Stattdessen ließ er sich in der Schweiz nieder, reiste durch die Welt, stürzte sich in die Arbeit und drehte in den Vereinigten Staaten, in Frankreich und in Afrika.

Im selben Jahr, in dem *Zwei unter Millionen* gefilmt wurde, übernahm mein Vater eine Rolle in einer internationalen Produktion mit Stars wie John Wayne und Elsa Martinelli im ostafrikanischen Tanganjika, dem heutigen Tansania. Mein Vater verliebte sich Knall auf Fall in die Region Momella am Rande des Arusha-Nationalparks. Dicht bewaldete, sanft geschwungene Hügel erheben sich dort über die weitläufige Ebene. Alle Schattierungen von Grün und Blau sind in diesem Bild wie in einem Ölgemälde da Vincis komponiert: Im Hintergrund, kaffeebohnenbraun, fast schwarz, erheben sich die Konturen der Hochebene, davor breitet sich ein fruchtbarer, satter Teppich aus unterschiedlichsten Blattwerken aus. Wenn die in Ostafrika allgegenwärtige Wolkendecke am Himmel wie ein Bühnenvorhang aufreißt, verwandeln sich die Sonnenstrahlen in riesige Filmscheinwerfer und bringen die Farben im Tal zum Leuchten. Auftritt für den eigentlichen Hauptdarsteller: Gegenüber den Hängen ragt das Kilimandscharo-Massiv in den Himmel, gekrönt vom höchsten Gipfel Afrikas, dem Kibo, auf dem das ganze Jahr über Schnee liegt.

Das Momella-Tal hat schon viele in seinen Bann gezogen. 1906 entdeckte die deutsch-britische Margarete Trappe aus Schlesien das Gebiet östlich des Kilimandscharo für sich und beschloss, hier eine neue Heimat zu finden. Sie gründete eine Farm und wechselte nach dem Ersten Weltkrieg sogar die Staatsbürgerschaft, um in Tansania bleiben zu dürfen. Weil sie sich, im Gegensatz zu den meisten anderen Weißen, die Afrika kolonisierten, der einheimischen Bevölkerung gegenüber sehr gerecht verhielt, wurde sie im Land bekannt. Bald nannte man sie die »Mutter der Massai«.[4]

Ihre Farm war es, die Paramount Pictures 1961 für die Produktion von *Hatari!* kaufte. Hier spielt sich im Film das Leben der harten Männer ab, die tagsüber auf der Jagd nach Elefanten, Nashörnern, Löwen und Giraffen sind, um sie in amerikanische Zoos zu bringen, und sich nach Feierabend vorrangig von Whiskey und filterlosen Zigaretten ernähren und über junge Damen philosophieren, die langsam zur Frau heranwachsen. Das Rangerleben, das der Film proklamierte, war hart, es roch nach Schweiß, Draufgängertum und Gefahr. *Hatari* eben, was auf Suaheli nichts anderes als »Achtung, Gefahr!« heißt (wobei ich mich zeit meines Lebens gefragt habe, ob die Gefahr von der Wildnis, dem Whiskey oder den harten Kerlen ausging).

Noch während der Dreharbeiten erwarb mein Vater die Momella Game Lodge. Er wollte sichergehen, immer wieder an diesen bezaubernden Flecken Erde zurückkehren zu können. Gemeinsam mit seinem Freund, dem Briten Jim Mallory, baute er die Lodge zu einem Hotel um, indem sie acht weiße Rundhütten mit Bananenblattdächern rund um das große Farmhaus errichten ließen. Auch für das leibliche Wohl war dank Hühner- und Schweineställen sowie eigener Schlachterei gesorgt. Da kurze Zeit später ein Flughafen in unmittelbarer Nähe eröffnete, kamen die Urlauber aus Deutschland in Scharen. Die Lodge war berühmt, denn *Hatari!* war Kult geworden, und jeder, der es sich leisten konnte, flog nach Afrika. Die fremde Kultur lockte, noch dazu hoffte ein mancher, den Eigentümer der Lodge nach einem aufregenden Tag voller Safari, Staub und Sonnenschein an der Bar anzutreffen und seine Trinkfestigkeit herauszufordern.

Oberhalb der Momella Lodge lagen die Privathäuser von Mallory, seiner Frau Ulla und Tochter Tanja sowie der Familie Krüger. Wir waren in meiner frühesten Kindheit häufig in Tansania, meist für mehrere Wochen oder gar Monate. Ich erinnere mich an vieles, obwohl ich noch so jung war, gebe jedoch zu, dass es auch der Bildberichterstattung der damaligen Zeit und den Erzählungen meiner Eltern geschuldet sein kann, die sich mit meinen tatsächlichen Erinnerungen vermischen.

Vieles aus meiner Kindheit wurde dokumentiert, gefilmt und in Wort, Bild und Ton in die weite Welt hinausgetragen. Das meiste aus meinem Leben war bekannt, bevor ich es selbst verstehen konnte – ein tragisch-komischer Nebeneffekt des Berühmtseins, in das ein junger Mensch erst hineinwachsen muss. Man begegnet nicht nur Leuten, die einen schon kennen, seitdem man laufen kann, sondern kommt auch an Orte, die dich nie vergessen. An manchen Tagen fühlte es sich für mich an, als wenn ich in mein eigenes Leben hineingestolpert wäre, das ein anderer bereits für mich gelebt hatte. Ein verwirrendes Spiel, besonders wenn man jung ist und die eigene Identität sucht. Andauernd feiert man ein Wiedersehen mit Menschen oder Orten, die sich schon mit dir verbunden fühlen und als Teil deines Lebens betrachten, bevor dein Verstand begreifen kann, was gerade passiert. Jeder meint, dich zu kennen, doch in Wahrheit kennt dich kaum jemand.

Was ich noch ganz genau weiß: Wenn wir in Afrika waren, hatten wir stets Spielkameraden aus dem Volk der Massai. Wir vergnügten uns, unabhängig von Sprachbarrieren oder kulturellen Unterschieden, stunden-, ja tagelang an einem großen Baum auf dem Gelände nahe den Gemüse- und Kräutergärten, kletterten auf ihm herum, fesselten uns an seinen Stamm beim Räuber-und-Gendarm-Spiel und dösten im Schatten seiner ausladenden Äste. Zwei weißblonde Kinder unter vielen dunklen mit krausem Haar. Wir waren den ganzen Tag an der frischen Luft, jedoch stets in Rufweite zum Farmhaus, denn Afrika ist gefährlich. Überall lauern wilde Tiere, giftige Insekten, angriffslustige Schlangen, Gefahren eben, *Hatari*! Auch um den Geparden Sonya, der nach Beendigung der Dreharbeiten auf der Lodge geblieben war, machten wir immer einen großen Bogen. So zahm Sonya auch war und sosehr ihr geflecktes Fell in der Sonne glänzte: Unsere Eltern hatten uns eingeimpft, dass der Gepard immer noch ein Raubtier war und kleine Kinder in seiner Nähe nichts zu suchen hatten. Immerhin eine Sache, an die wir uns hielten – wohl auch aus Furcht und dem unbestimmten Gefühl, dass Mutter und Vater mit ihrer Warnung ausnahmsweise einmal recht haben könnten.

Ein einheimischer Junge wuchs mir in Momella besonders ans Herz. Er hieß Saidu, was so viel wie »der Glückliche« heißt. Und tatsächlich, ich habe nie einen glücklicheren Menschen als Saidu gesehen. Eines Tages nahmen wir ihn für ein paar Wochen mit nach Brixen in Südtirol. Dort hatte mein Vater ein paar Jahre zuvor eine kleine Skihütte gebaut, in der wir häufig mehrere Wochen im Winter verbrachten. In den norditalienischen Alpen gab es oft so viel Schnee, dass nur noch das Dach und der Schornstein unter den zentnerschweren Massen hervorragten.

In Brixen hatten wir Skifahren gelernt. Zuerst zwischen den Beinen meines Vaters, später im Kurs. Jeder Kurs endete mit einem kleinen Rennen, und natürlich gab es bereits unter den Kindern Konkurrenz. Alle wollten den ersten Platz belegen. Das gefiel meinem Vater, denn ich glaube, er hatte vor, einen Siegertypen aus mir zu machen. Doch ich war eher ein Schöngeist – und vermutlich das einzige Kind im Skikurs, das sich nicht für das Rennen interessierte. So kam es, dass ich bei einem Wettbewerb zwar von der Starthütte oben auf dem Berg vielversprechend startete, unten aber nie ankam. Die Sorge meiner Eltern war groß. War ihrem kleinen Jungen etwas passiert? Hatte er einen Unfall gehabt? Man machte sich auf die Suche nach mir und fand mich schließlich unter einem Baum liegend. Die Skier hatte ich abgeschnallt und in den Boden gesteckt, das Gesicht in Richtung Himmel gerichtet. Die Wolken faszinierten mich mehr als der Wettkampf mit den anfeuernden Eltern seitlich der Skipiste. Ich bekam an diesem Tag einen unglaublichen Ärger. Einerseits, weil sich meine Eltern solche Sorgen gemacht hatten, andererseits vielleicht auch, weil ich meinen Vater mit meinem mangelnden Ehrgeiz enttäuscht hatte.

Einmal begleitete uns wie gesagt Saidu nach Brixen. Obwohl er am Fuße des Kilimandscharo aufgewachsen war, hatte er noch nie in seinem Leben Schnee berührt. Als wir nun am Morgen nach der langen Reise von Tansania bis nach Norditalien vor die Haustür traten und Malaika und ich uns in den zentimeterhohen Neuschnee warfen, der über Nacht gefallen war, um Schneeengel zu machen, blieb der kleine Massai wie angewurzelt stehen und starrte auf die weiße Pracht. Später schrieb er seiner Mutter in einem Brief: *Mama, du wirst es nicht glauben, aber sie haben mich in eine Zuckerfabrik gebracht!*

Ich weiß noch, wie sehr wir alle lachen mussten, als Saidu uns von seinem Brief erzählte. Und ich erinnere mich daran, wie laut er selbst lachte, als er eines Tages der Berichterstattung eines Triathlons im Fernsehen beiwohnte. Das Fernsehen war für Saidu sowieso eine ziemliche Sensation, so etwas gab es nicht in seinem Dorf. Als er nun also in Brixen vor der Flimmerkiste hockte und wie hypnotisiert auf die Sportler starrte, brach er urplötzlich in schallendes Gelächter aus.

»Was ist los?«, wollte mein Vater von ihm wissen. »Was ist denn so komisch?«

Saidu konnte kaum an sich halten. Er hielt sich den Bauch und kicherte weiter. Dann zeigte er auf einen der Triathleten, der gerade sein Rad geschultert hatte und eine kleine Anhöhe hinaufrannte. »Wieso hat ihm niemand gesagt, dass man auf Fahrrädern fahren kann?« Er schüttelte den Kopf. Es war ihm deutlich anzusehen, dass er die weißen Menschen manchmal sehr merkwürdig fand.

Saidu war mir als Kind ein wahrer Freund. Manchmal werde ich heute gefragt, ob es mir schwerfiel, die Kameraden, die ich in jungen Jahren hatte, immer wieder zu verlassen, weil sich die Krüger-Karawane, wie meine Eltern unsere kleine Reisegesellschaft nannten, in Bewegung setzte, auf einen anderen Kontinent reiste, in einem anderen Land ihre Zelte aufschlug, in einen anderen Alltag eintauchte.

Tatsächlich war es für mich keine besondere Sache. Ich war es gewohnt, immer wieder den Ort zu wechseln und neue Menschen kennenzulernen. Vermutlich war ich deshalb auch früh selbstständig und darin geübt, auf eigenen Beinen zu stehen. Mir fiel der Abschied nicht schwer, denn ich hatte ja immer mich selbst dabei – und so gern ich andere Kinder mochte, war ich doch sehr gern allein mit mir und meinen Gedanken. Ich hatte nie, in meinem ganzen Leben nicht, den Wunsch, an einem Platz heimisch zu werden und Wurzeln zu schlagen. Selbst wenn ich heute mit meiner Frau Alice in einem Haus lebe, sind wir stets unterwegs und auf der Suche nach neuen Begegnungen und Inspirationen. Neben all den Marazzi-Genen gibt es eben doch eine ordentliche Portion Krüger-Unrast in mir.

Mein Vater bewirtschaftete gemeinsam mit seinem Freund Mallory die Momella Lodge für viele Jahre. Im Jahr 1967 jedoch wurde in Tansania, das seit April 1964 zusammen mit Sansibar eine unabhängige Republik bildete, die sogenannte Arusha-Deklaration[5] beschlossen, was im Grunde nichts anderes bedeutete, als dass das Land innerhalb der kommenden Jahre sukzessive in ein sozialistisches System überführt werden sollte. *Ujamaa* bezeichnet den afrikanischen Sozialismus,[6] welcher, genau wie die Erlangung der Eigenständigkeit, Ziel des politischen Richtungswechsels war. Damit wurde auch die Bewirtschaftung der Farm immer schwieriger, denn mit einem Mal legte der Staat fest, wie teuer eine Übernachtung in der Lodge oder der Verkauf von Schweinefleisch war – und kassierte natürlich ordentlich mit. Ausländische Grundbesitzer waren darüber hinaus nicht mehr gern gesehen, und große Teile der freien Wirtschaft wurden zwangsenteignet. 1973 wurde die Lage schließlich unerträglich, und mein Vater beschloss schweren Herzens, dem Drängen der dortigen Politik nachzugeben und das Land zu verlassen. Es war bereits das zweite Mal innerhalb von zehn Jahren, dass er einen Ort hinter sich lassen musste, den er als Heimat bezeichnet hatte: erst Berlin, dann Momella. Beide Male, weil der Sozialismus den Staat von rechts auf links krempelte. Ich weiß, wie sehr meinen Vater der Verlust der Momella Lodge schmerzte. Hier war er zum ersten Mal in seinem Leben wirklich zur Ruhe gekommen. Hier hatte er die Langsamkeit entdeckt – und eine alte Schreibmaschine, auf der er seine ersten Bücher verfasste und seine Vergangenheit sowie die Erlebnisse in Afrika verarbeitete.

Heute ist Tansania, dieses wunderschöne Land, nach unzähligen politischen Desastern, diversen Kolonisten und modernen Krankheiten zu einer Nation geworden, die sich gerade so um die wesentlichen Dinge des Überlebens kümmern kann. Wie ein Sinnbild dafür steht die Momella Lodge, die nach dem Weggang der Krügers, dem Abzug der Karawane, durch viele Hände ging. Doch niemand hatte den Traum meines Vaters, und für eine lange Zeit hatte auch niemand Mittel, Möglichkeit und Muße, die Farm wieder zu alter Größe zu führen.

Im Jahr 2014, mehr als vierzig Jahre nach meiner letzten Reise nach Tansania, arbeitete ich schon seit langer Zeit für Film und Fernsehen und wurde darum gebeten, für eine Dokumentation ins Land zu fahren. Es war das erste Mal, dass ich wieder an den Kilimandscharo kam – natürlich auch, um zu sehen, was aus meines Vaters Traum geworden war. Doch was ich fand, ließ mein Herz schwer werden. Die Momella Lodge war heruntergekommen und marode, Gärten, Beete und Bäume waren vom Anwesen verschwunden, der alte Glanz war nicht mehr als eine Erinnerung an bessere Zeiten. Unweit des Haupthauses hatten sich einst Schlachterei, Ställe und Werkstätten befunden. Nun hausten in den alten Kühlhäusern und Räucherkammern Familien, die mich vom Gelände vertrieben, als sie mich und das Filmteam sahen. Wir flüchteten in unsere Jeeps und machten, dass wir wegkamen, bevor noch mehr passierte. Was war aus dem Ort meiner Kindheit nur geworden? Das Ereignis schockierte mich zutiefst, und ich war beinahe froh, das Land nach einigen Tagen wieder verlassen zu können.

Doch der Kontinent ließ mich noch nicht gehen. Afrika, die vertraute Fremde. Wunderschön verwirrend, abstoßend und anziehend zugleich, vorherbestimmt und doch immer wieder überraschend. Häufig denkt man beim ersten Blick auf eine afrikanische Landschaft, kein Leben würde sich darin regen. Wenn man aber nur ein paar Augenblicke innehält und abwartet, bemerkt man plötzlich, dass alles in Bewegung ist. Kleine Vögel, die von Ast zu Ast springen, eine Schlange, die über den Boden zischt, Erdmännchen, die wie erstarrt vor ihren Höhlen stehen und lauschen, sich jedoch blitzschnell verziehen, wenn eine Gefahr auf sie zukommt. Und auch: Löwen, die Jagd auf eine Herde Gnus machen. Zebras, die vor einem Geparden Reißaus nehmen. Aasgeier, die über dem abgenagten Gerippe einer Giraffe ihre Kreise ziehen. Der Tod ist in Afrika allgegenwärtig. Da, wo das Leben einst seinen Ursprung nahm, in der Wiege der Menschheit, gehört das Sterben unweiglich zum Alltag dazu.

Als ich viele Jahre später als UNICEF-Botschafter wieder einmal auf den Kontinent kam, fuhren wir mit dem Konvoi durch ausgestorbene Dörfer, in denen das Aidsvirus gewütet hatte. Die einzigen Menschen auf den Straßen waren noch keine zwölf Jahre alt: Kinder, die sich selbst versorgten, weil alle anderen gestorben waren. Es war ein Bild des Schreckens.

Nicht nur Aids, auch Krankheiten, die in Europa mithilfe von Medikamenten leicht behandelt werden können, werden in Afrika schnell zur Lebensgefahr. Jedes dreizehnte Kind auf dem Kontinent südlich der Sahara stirbt noch vor dem fünften Lebensjahr. Nirgendwo sonst auf der Welt ist die Kindersterblichkeit so hoch wie dort.[7] Und wenn es nicht Krankheiten sind, sorgen Bürgerkriege und bewaffnete Auseinandersetzungen, Warlords und Milizen dafür, dass man sich seines Lebens nie wirklich sicher sein kann.

In Afrika lernte ich vieles über das Leben und über das Sterben. Dass der Tod ein ständiger Begleiter ist und ich ihn nicht zu fürchten brauche. Dass das Leben immer eine Gefahr bedeutet. Und dass in jedem Ende, so schrecklich es auch sein mag, ein neuer Anfang liegt. Denn wenn du mit der Natur lebst, spielen Zeit, Leben und Tod eine andere Rolle. Alles kommt und geht, wie eine Welle, ist in Bewegung, im Fluss. Manche nennen es Schicksal. Ich nenne es Leben. Wir alle müssen diese Erfahrung machen. Doch wenn etwas geschieht, ist es immer der Anfang von etwas Neuem.

Im Jahr 2017, drei Jahre nach meinem letzten Besuch, gab ich mir und dem Land eine weitere Chance. Ich kam spät am Tag mit dem Flieger am Kilimandscharo an und stieg in einen Jeep, dessen Fahrer mich über holprige, regenüberschwemmte Pisten bis zur Momella Lodge fuhr – hinein in den Sonnenuntergang und die einbrechende Dunkelheit. Immer wieder blitzten in der Dämmerung die Augen der wilden Tiere auf, die am Rand der Schotterpiste im Dickicht lauerten. Wer Afrika kennt, weiß: Der Busch schläft nie. Alles ist miteinander verbunden, nicht nur die Menschen. Pflanzen und Tiere haben ein ausgeklügeltes Nachrichtensystem. Die einen sagen, es seien die Buschtrommeln, die anderen munkeln, es wäre der Wind.

In meinem Fall waren es wohl die afrikanischen Götter, die auf dem Gipfel des Kilimandscharo leben. Denn an diesem Tag, als ich nach so langer Zeit endlich wieder in Richtung Momella unterwegs war, verzogen sich mit einem Mal die Wolken vom Gipfel des Kilimandscharo-Massivs. Die Wolken und dieser Gipfel sind eine kaum zu trennende Einheit – es geschieht nur sehr selten, dass der Berg unbedeckt, ja vielleicht ungeschützt daliegt. Ein unmissverständliches Zeichen für die Einheimischen, dass ein wichtiges Ereignis bevorsteht. Während ich also im Jeep durch die Nacht rumpelte und das Felsmassiv mich im Mondlicht zu beobachten schien, verbreitete sich die Nachricht in Momella: Der verlorene Sohn kehrt zurück!

Als wir in der Lodge ankamen und die kleine Auffahrt zur Farm hochfuhren, wartete ein Empfangskomitee aus Einheimischen und alten Freunden in traditioneller Kleidung auf mich – obwohl ich kaum jemandem Bescheid gegeben hatte, dass ich unterwegs war. Sie sangen ein Willkommenslied in ihrer Sprache, und mir liefen die Tränen über die Wangen. Ich hatte das Gefühl, nach langer Zeit wieder nach Hause zu kommen.

Es war vollends um mich geschehen, als dann auch noch Saidu, der kleine Junge von früher, der in Brixen die Zuckerfabrik gefunden hatte, auf mich zukam, mich umarmte und mir einen Zettel zusteckte, auf dem stand: *Du hast einen Freund am Kilimandscharo, der immer für dich da ist!* Afrika hatte mich wieder, hatte mich mit Haut und Haar gepackt, ergriff mich mit allen Sinnen. Stunden später, denn so leicht hatte sich mein Empfangskomitee nicht abwimmeln lassen, legte ich meine müden Knochen endlich ins Bett und schlief auf der Stelle ein. Das Letzte, was ich hörte, waren die Affen, die auf dem Dach einen Freudentanz aufführten.

Am nächsten Morgen wachte ich auf, öffnete die Fensterläden und blickte auf den langen Hals einer Giraffe. Es war wirklich wie im Film, ich konnte es nicht glauben. Bei meinem morgendlichen Rundgang über das Anwesen stellte ich fest, dass Jörg und Marlies, die neuen Eigner der Lodge, ganze Arbeit geleistet hatten. Nach Jahren der Verwahrlosung und andauernd wechselnden Besitzern hatten sie vor einiger Zeit die Momella Lodge gekauft und in Hatari Lodge umbenannt. Hohe Zypressen säumten wieder das Land, umgaben die hübsch hergerichteten Gästehäuser und die herrlichen Gärten.

»Guten Morgen! Hast du gut geschlafen?« Jörg begrüßte mich mit einem breiten Lächeln und fragte, ob ich später mit ihm einen kleinen Ausflug machen wolle.

Ich sagte begeistert zu, denn ich wollte alles sehen und verstehen, jetzt, wo die Lodge wieder zu alter Pracht gekommen war. Doch etwas an Jörgs Gesichtsausdruck ließ mich stutzig werden. Er trug ein wirklich unerhört breites Grinsen zur Schau.

»Was ist los?«, wollte ich von ihm wissen.

Er streckte den Arm aus und zeigte auf die Grundstücksgrenze. »Erinnerst du dich an den alten Baum, der dahinten stand?«

Ich folgte seinem ausgestreckten Finger und sah in die Richtung, in die er zeigte. Dann erinnerte ich mich. Dort hinten, am Ende des Geländes, war noch vor drei Jahren der riesige Baum gewesen, der uns in der Kindheit Schattenspender, Spielplatz und Räuberhöhle in einem gewesen war. Nun sah ich lediglich ein riesiges Gewirr aus Ästen und Blättern auf dem Boden in der Ferne liegen.

»Was ist passiert?«, fragte ich verblüfft.

Jörg zuckte mit den Schultern. »Er hat sich letzte Nacht niedergelegt. Ganz still und leise. Er ist einfach umgefallen, und keiner hat es gehört. Du kannst dir ja denken, was die Leute deswegen sagen.«

Ich schüttelte den Kopf. »Ich weiß nicht, wovon du sprichst.«

»Sie sagen, es ist ein Zeichen, wenn ein so großer, alter Baum einfach umkippt. Die Massai sind davon überzeugt, dass der verlorene Sohn diesmal bleibt. Alles wird so wie früher.« Jörg legte den Kopf in den Nacken und lachte laut. »Ich schätze, dein Schicksal ist besiegelt.«

Auch ich musste lachen. Für so manchen Mitteleuropäer sind die afrikanischen Sitten und Gebräuche mehr als befremdlich. Die meisten Menschen des Kontinents glauben daran, dass die Natur ihnen Zeichen übermittelt, in denen sie vorhersehen, was passieren wird. Egal, ob der Kilimandscharo wolkenlos ist oder drei Hühnerbeine über Kreuz vor der Tür der Rundhütte liegen: Die Götter sprechen immer mit dir. Es ist nur die Frage, ob du gut genug zuhörst. In Afrika lebt man mit der Magie der Natur und dem Übersinnlichen. Ich habe oft erlebt, dass die Schamanen und Medizinmänner mit ihren Prophezeiungen richtiglagen. Nur diesmal taten sie es nicht, denn ich wusste bereits an jenem Morgen: Ich würde nach Deutschland zurückkehren, wo mein Zuhause war.

Ich blieb mehrere Wochen in Afrika und auf der Lodge, unternahm mit Jörg Ausflüge in den Busch, besuchte Familien, die früher auf der Farm gearbeitet hatten, lief mit den Massai und den Buschmännern tagelang durch die Wildnis und saß über Stunden am Lagerfeuer, um dem nächtlichen Treiben zu lauschen. Wenn du im Dunkeln in Afrika an einem Feuer hockst, mit nichts zugedeckt als dem unendlichen, funkelnden Firmament über dir, und du die Hand nach oben ausstreckst, hast du das Gefühl, du kannst die glitzernden Punkte einfach vom Himmel pflücken. Niemals in meinem Leben habe ich solche Sterne gesehen wie in Tansania. Die Milchstraße tritt in der Schwärze der Nacht so deutlich hervor, dass man sich nicht nur unendlich klein vorkommt, sondern auch mit allem verbunden. Plötzlich ist alles sehr leicht, die Dinge scheinen an ihren Platz zu fallen – ein erhebendes, befreiendes Gefühl. Bei dieser zweiten Reise nach Afrika verstand ich zum ersten Mal wirklich, was meinen Vater einst dazu brachte, die Lodge und das umliegende Land zu kaufen und zu bewirtschaften, allen Widrigkeiten zum Trotz. Dennoch wurde mir auch klar, dass ich niemals hierher zurückkehren und die Farm betreiben könnte, auch wenn sich die Einheimischen das wünschten. Der Traum von Afrika war meines Vaters Traum – nicht meiner. Ich hatte eine andere Aufgabe. Und auch wenn ich mich wie das Kind dieser wunderbaren Region fühlte: Mein Leben hatte etwas anderes mit mir vor.

So fremd ich mir in vielen Momenten in Afrika auch vorkam, so vertraut war das meiste doch auch für mich. Ich hatte das Gefühl, nicht nur in einer Heimat, sondern auch in mir angekommen zu sein. Das Leben hatte eine neue Saite aufgezogen, deren Klang mir so bekannt vorkam, als hätte ich sie schon mein Leben lang gehört. Ich bewegte mich in dieser eigentlich unbekannten Welt, dieser unbegreiflich schönen Umgebung, als wäre ich immer Teil von ihr gewesen.

Die Menschen, denen ich in Tansania begegnete, starrten mich manchmal an wie eine Erscheinung. Natürlich war und ist mir bewusst, wie ähnlich ich meinem Vater sehe. Für die Einheimischen muss es jedoch wie eine Fata Morgana gewesen sein: Fünfzig Jahre später kommt derselbe Mann wieder nach Momella, ein wenig größer, ein bisschen weniger schlaksig, doch optisch könnte man sie kaum auseinanderhalten – vor allem nicht nach all der Zeit.

Das Verrückteste war: Selbst wenn sie mich als jemanden wiedererkannten, der ich niemals war, war es zu keinem Zeitpunkt meines Lebens gleichgültiger, was ich bislang getan hatte. Mein bisheriger Lebensinhalt spielte an diesem Ort keine Rolle. Es war egal, woher ich kam und wohin ich gehen wollte, wer ich war, was ich tat, welchen Film ich drehen würde, welche Premiere anstand, was mein Agent zu mir sagte oder die Presse über mich schrieb. Nichts war von Bedeutung. Das Einzige, was zählte, waren Afrika und ich.

Am deutlichsten spürte ich dies, als ich gemeinsam mit Jörg an einen magischen Ort fuhr, den die Einheimischen *Shu'mata* nennen, was so viel heißt wie »dem Himmel so nah«. Er liegt zwischen dem Kilimandscharo und dem Mount Meru, nördlich des Arusha-Nationalparks. An diesem Punkt, wo sich die alten Trampelpfade der Elefanten kreuzen, saßen Jörg und ich die ganze Nacht zusammen, bis die Sonne in den frühen Morgenstunden die Dunkelheit vertrieb. Am Horizont schälten sich die Umrisse einer Hügelkette aus der einsetzenden Dämmerung des Tages, die Seven Sisters, und vor ihnen lag eine breite Savanne, die bis nach Kenia reicht. In der Ferne bewegten sich zwei Gestalten. Männer der Massai, in rot-schwarze Stoffe gekleidet, langsam und bedächtig, im Gleichklang mit der Welt. Ich hatte in diesem Augenblick das Gefühl, am absolut richtigen Ort zur richtigen Zeit zu sein. Dieses Leben war so wahnsinnig schwer zu begreifen – und dennoch hatte es mich noch nie losgelassen, sosehr ich es mir zuweilen auch gewünscht hatte. In dieser Morgendämmerung begriff ich: Es liegt in deiner Hand, ein außergewöhnliches, inspirierendes und einzigartiges Leben zu führen in der Zeit, die dir hier geschenkt wird.

KAPITEL 3
N40°25'02.5" W3°41'00.8"
MADRID, SPANIEN

Wenn ich an meine Kindheit denke, fallen mir als Erstes all die spannenden und aufregenden Reisen ein, die wir unternahmen, um meinen Vater zu Drehs zu begleiten. Besonders ein Aufenthalt in Madrid ist mir in Erinnerung geblieben. Es muss im Jahr 1975 gewesen sein, als mein Vater die Hauptrolle in einem Westernfilm übernahm, der in der spanischen Wüste von Tabernas gedreht wurde. Damit meine Schwester und ich schulisch nicht auf der Strecke blieben, schickte man uns zur International School Madrid, die mit einem weltweiten Netz aus Privatschulen verbunden war, an denen einheitliche Lehrpläne unterrichtet wurden. So konnte man als Schüler durch die Welt tingeln, einen Monat in den Staaten, einen anderen in Paris und den nächsten in Madrid die Schulbank drücken, verlor nie den Anschluss und war am Ende des Schuljahrs auf demselben Niveau wie die Mitschüler, da die Unterrichtsinhalte überall gleich waren. Eine tolle Sache – wenn man mit dieser Form des Lebens vertraut war.

Für Malaika und mich war das Vagabundendasein nichts Merkwürdiges. Wir kannten nichts anderes als unseren kleinen Zirkus, die Krüger-Karawane. Stets in Bewegung, von einem Abenteuer ins nächste. Alles, was wir zurückließen, machte Platz für eine neue Erfahrung an einem anderen Ort, in einem anderen Land, in einer anderen Stadt. Wir lernten früh, uns nicht zu sehr an Dinge, Freunde und Orte zu gewöhnen oder an sie zu binden. So war ich mir selbst nach wie vor der beste Freund. Das tat mir nicht weh. Ich hatte vielmehr das Gefühl, das Leben sei eine gewaltige, große Spielwiese, die jeden Tag neue Erlebnisse für mich bereithielt.

In Madrid blieben wir mehrere Monate. Es war eine bewegte, unsichere Zeit, denn damals war die ETA, eine baskische Terrororganisation, im Land aktiv. Immer wieder kam es zu Bombendrohungen – sogar an unserer Schule. Ich kann mich noch genau an eine Szene aus dem Klassenzimmer erinnern. Wir hatten gerade Unterricht, als plötzlich ein ohrenbetäubender, durchdringender Laut erklang. Ich war mal wieder in einem meiner Tagträume versunken gewesen, doch das Geräusch ließ mich aufschrecken. Es klang so ganz anders als die Pausenglocke. Ich sah mich um. Meine Mitschüler schienen mit einem Mal in helle Panik verfallen zu sein. Sie waren aufgesprungen, rannten umher, zum Fenster, zur Tür – die Lehrerin versuchte, Herrin der Lage zu werden, aber auch ihre Augen waren schreckgeweitet.

»Was ist denn los?«, wollte ich von meinem Banknachbarn wissen, aber der antwortete irgendetwas auf Spanisch, was ich nicht verstand. In der Schule wurde ja auf Englisch unterrichtet, doch seitdem dieses nervige Klingeln die Luft zerriss, schien es, als ob das alle um mich herum vergessen hätten. Ich verstand die Welt nicht mehr – wortwörtlich. Wir wurden nach draußen geführt, auf den Schulhof. Der war von einem großen Zaun umgeben, und ich sah mit Erstaunen, dass einige Schüler bereits versuchten, das Hindernis zu überwinden und das Schulgelände zu verlassen. Es herrschte Chaos ringsum, einige Kinder weinten, andere schrien, hielten sich an den Händen, die Lehrer dazwischen wirkten in ihren Versuchen, für Ruhe und Ordnung zu sorgen, hilflos. Und über allem lag der kreischende Gesang der Sirene.

In mir wuchs die Unruhe. Ich hielt Ausschau nach meiner Schwester. Die war in einer höheren Klasse, müsste doch aber auch hier irgendwo stecken. Vielleicht konnte sie mir erklären, was los war. Doch ich fand Malaika nicht. Da stand ich nun, umgeben von großen und kleinen Menschen, die wie aufgescheuchte Hühner von links nach rechts rannten, und wusste nicht, was ich tun sollte.

Eine Hand ergriff mich an der Schulter, und ich sah hoch. Es war die Deutschlehrerin.

»Was ist denn passiert?«, wollte ich von ihr wissen.

»Eine Bombendrohung«, antwortete sie atemlos. »Wir versuchen, eure Eltern zu erreichen, aber die ganze Stadt versinkt im Chaos.«

Eine Bombendrohung? Klar, mein Vater hatte mir erklärt, wer die Terroristen der ETA waren und was sie wollten. Nicht, dass ich mit meinen sieben Jahren verstanden hätte, was das bedeutete. Auch als wir ein paar Wochen vorher vom höchsten Punkt eines Hochhauses aus mitbekommen hatten, wie sich Spezialeinheiten vom Hausdach gegenüber in die darunterliegenden Etagen abseilten, hielt ich das alles eher für eine Szene aus einem spannenden Film, wie wir sie uns manchmal im Fernsehen oder Kino ansahen. Und ich kannte ja auch die Dreharbeiten meines Vaters. Da wurde mit Pistolen und Gewehren geschossen, da gab es wilde Verfolgungsjagden und heftige Schlägereien. Wie sollte ich in diesem Alter also den Unterschied zwischen der gespielten und der echten Gefahr erkennen?

Durch die Reaktionen auf dem Schulhof dämmerte mir nun aber langsam, dass diese Situation anders war als die in den Filmen meines Vaters. Ich wartete geduldig neben meiner Lehrerin, bis Malaika auftauchte und kurz darauf ein Fahrer kam, der uns kreuz und quer durch die Stadt, vorbei an Absperrungen und Staus, hupenden Autos und kopflos umherlaufenden Menschen nach Hause zu meiner Mutter brachte.

Madrid kam mir als Kind riesig vor. Bis zu diesem Zeitpunkt kannte ich im Grunde vor allem das verschlafene, romantische Lugano und die unendliche Weite Momellas. Und nun Madrid! Ich bestaunte jedes Mal, wenn wir unterwegs waren, die mehrstöckigen, pompösen Altbauten mit verschnörkelten Ornamenten an den Hauswänden und riesigen Kuppeln auf dem Dach, die nicht enden wollenden prunkvollen *avenidas*, links und rechts von hohen Bäumen gesäumt, die gigantischen *plazas* und die reich verzierten Museen, Opernhäuser und Kathedralen, so groß wie ein ganzer Block. In den Straßenzügen der Stadt kann man die Geschichte förmlich riechen.

Vor allem aber erinnere ich mich an die Geräuschkulisse. Madrid war damals, in den 1970er-Jahren, unglaublich laut, und obwohl ich lange nicht mehr dort war, kann ich mir kaum vorstellen, dass es in den vergangenen fünfzig Jahren leiser geworden ist. Es herrscht ein unbeschreiblicher Verkehr, überall tuckern und brummen die Autos, Motorräder und Lkws, es wird gehupt, geschrien, gelacht, Motoren jaulen auf, Bremsen quietschen, Busse lassen zischend Luft entweichen, wenn sie an einer Haltestelle stoppen und sich eine Woge Touristen aus aller Welt auf die Gehsteige ergießt. Sogar die Ampeln piepsen und vermischen sich mit den Rufen der Straßenverkäufer, die ihre Waren anbieten. Gerade im Sommer, wenn das Thermometer gern über die vierzig Grad klettert, ächzt Madrid wie eine alte Dame, wird jedoch niemals leiser, sondern noch quirliger, lebhafter und lauter. Das Leben findet von April bis Oktober auf den Straßen statt, die Gehwege sind bis zum letzten Platz mit Tischen und Stühlen vollgestellt, auf denen sich die Madrilenen mit dunkelroter, schwerer Sangria, buttrigem Serranoschinken und frittierten Sardellen, den *boquerones*, den Abend versüßen. Lichterketten erhellen den nächtlichen Himmel, ein sämiger Schein liegt über den Hausdächern wie eine Kuppel aus Gold.

An den unterrichtsfreien Tagen fuhren wir hinaus in die Wüste, um die Dreharbeiten zu *Potato Fritz* zu beobachten. Neben meinem Vater in der Hauptrolle spielten Stephen Boyd, Arthur Brauss, Friedrich von Ledebur, Diana Körner und Paul Breitner mit. Ja, genau, richtig gelesen: Paul Breitner, der legendäre Fußballspieler, der damals für Real Madrid kickte und eine Afrofrisur hatte, über die man nur staunen konnte. Mit von der Partie waren außerdem sein

Freund und Sportkollege Günter Netzer als Setfotograf und Udo Jürgens als Komponist für die Musik. Im Nachhinein muss man wohl sagen, dass es vor allem die Besetzung war, die meinen Vater dazu brachte, am Film mitzuwirken.

Ich selbst konnte mir keinen besseren Spielplatz als das Set dieses Westernfilms vorstellen. Pferde, Bären, Lagerfeuer, Kutschen, »Cowboy und Indianer« – ich war im Himmel! Nie zuvor hatten Malaika und ich die Gelegenheit gehabt, so nah dran an der Arbeit meines Vaters zu sein. Das war ein Schlüsselerlebnis für mich, das mich nachhaltig beeindruckte. Wir trafen andere Schauspieler, kernige Mannsbilder, die Filterlose rauchten und ununterbrochen Whiskey soffen. So muss ein richtiger Mann sein, dachte ich damals – und mein Vater war einer von ihnen, sogar der Held des Films! Wenn er abends von den Dreharbeiten in unsere von der Produktion angemietete Wohnung kam, stank er zum Gotterbarmen. Besagter Potato Fritz bekam im Film nämlich immer wieder Besuch von einem Bären – und von dem ging ein infernalischer Geruch aus.

Wenn gerade keine Szene gedreht wurde, streunte ich über das Set. Der Geruch der Lederriemen, das Quietschen der Saloontüren, die heiße, brennende Wüstensonne, die die Haut so angenehm kribbeln ließ ... Und dann erst die Dinge, die wir jeden Tag erlebten. Stephen Boyd brachte mir zum Beispiel das Schießen mit der Pistole bei. Obwohl mein Vater der Held der Geschichte war, war er wohl der einzige Cowboy im Wilden Westen, der nichts mit Waffen anfangen konnte.

Zum Glück gibt es im Umkreis nahezu jedes Kindes ein paar lustige Erwachsene, die die Rolle der »Outlaws« übernehmen. In meinem Fall war es Günter Netzer, der mich eines Tages fragte, ob ich schon einmal ein Auto gefahren habe. Ich verneinte, ich war ja gerade mal sieben Jahre alt. Der Fußballer nickte, lächelte und verfrachtete mich kurz darauf in seinen kleinen Mini Cooper. Kaum dass wir die Filmstadt verlassen hatten, ließ er mich hinters Lenkrad. Das Problem war nur: Ich war viel zu klein, um mit den Füßen an die Pedale zu kommen. Doch Not macht erfinderisch, also wies

Günter mich an, mich auf den Sitz zu stellen und das Lenkrad fest zu umgreifen. Er selbst drückte vom Beifahrersitz auf das Gaspedal, und das Auto setzte sich ruckelnd und zuckelnd in Bewegung.

»Schneller!«, rief ich irgendwann, und Günter gab Stoff. Wir holperten über den trockenen Boden, lachten und freuten uns, und ich war mir sehr sicher: So einen schönen Tag würde ich nie wieder erleben!

Das war natürlich Unsinn, denn die schönsten Tage erlebte ich fast immer mit meinem Vater. Ich war wohl das, was man ein Papakind nennt. Er war nicht nur mein Held, sondern auch ein richtiger Freund für mich. Oft nannte er mich »Bursche«, was aus seinem Mund immer wie ein zärtliches Kompliment klang. Wir »Männer« waren während meiner Kindheit oft zu zweit unterwegs, unternahmen Radtouren, holten gemeinsam ein neues Auto in Sindelfingen ab und hörten auf der Fahrt Simon and Garfunkel, sahen uns Filme von Bud Spencer und Terence Hill an oder spielten Poker. Ich begriff, obwohl doch so jung, dass mein Vater ein wichtiger Mann war. Denn egal, wo auf der Welt wir waren, er kannte viele Menschen.

Oder war es andersherum? Kannten die Menschen ihn?

Wenn ich an damals denke, versetzt mich die Erinnerung immer wieder in sein Arbeitszimmer mit dem Blick auf den Luganer See, wo er vor der Schreibmaschine saß und rhythmisch tippte. Es war die schönste Melodie in meinen Ohren, das regelmäßige Klappern der Tasten, untermalt vom Geruch des Whiskeys und dem Duft einer frisch angezündeten Gitane ohne Filter. Wenn mein Vater schrieb, war er so vertieft, dass ich ihn nicht stören durfte. Also genoss ich es, still und leise in seiner Nähe zu sein, und malte stundenlang auf dem Boden seines Arbeitszimmers. Ich weiß nicht, ob es wirklich so war, aber ich bilde mir ein, dass auch er es genoss, wenn ich bei ihm war und mich mit mir selbst beschäftigte. Ich gab mir immer große Mühe, ihn nicht zu unterbrechen, denn ich sah ihn viel zu selten. Deswegen war jeder Augenblick, den ich mit meinem Vater gemeinsam erleben durfte, so wunderbar und bedeutsam für mich.

Wenn er wieder einmal ging, verabschiedete er sich stets liebevoll von uns und versprach, mit einer Überraschung zurückzukommen. Malaika und ich konnten seine Rückkehr deswegen kaum erwarten. Eines Morgens stand er nach einer seiner Reisen im Bademantel vor uns, ein breites Lächeln prangte in seinem Gesicht. Wir stürmten auf ihn zu – aber ich hielt inne, als ich erkannte, dass er etwas in den Taschen seines Bademantels versteckte. Ich entdeckte zwei große Teddybärenköpfe, die links und rechts aus den Taschen seines Bademantels lugten. Papa ging in die Knie, breitete die Arme aus und sagte: »Ich habe doch versprochen, dass es eine Überraschung gibt, wenn ich zurückkomme!«

Wie bei vielen anderen Vätern und Söhnen veränderte sich unsere Beziehung im Laufe der Jahre. Je älter ich wurde, desto mehr spürte ich die vielen Kilometer Distanz zwischen uns. Das Leben hatte sich verändert. Ich hatte mich verändert. Heute weiß ich, wie wichtig es als Schauspieler ist, einen Ort zu haben, an den man zurückkehren kann, an dem man geliebt wird, so wie man ist, nicht für das, was man darstellt. Ich glaube, mein Vater empfand genauso. Doch es liegt in der Natur des Schauspielers, immer in Bewegung zu sein. Die Welt ist dein Zuhause, die Menschen sind deine Inspiration. Du kannst nur dann glaubhaft Geschichten erzählen, wenn du mit allen Sinnen lebst. Es ist also das Wesen des Berufs, auf Reisen zu sein – doch es ist von mindestens genauso großer Bedeutung, eine Heimat zu haben. Diesen einen Ort, an den wir heimkehren können, wo wir geliebt und erwartet werden. Kein Schiff kann ununterbrochen auf See sein. Es braucht einen Hafen, in den es einlaufen kann, um sich aufzutakeln für die nächste Reise. Aber ich weiß, dass es nicht nur mir schwerfiel, meinen Vater immer wieder gehen zu lassen.

Meine große Schwester Malaika (deren Name auf Suaheli »mein Engel« heißt) ist vom Wesen her ganz anders als ich. Obwohl auch sie ein kreativer Mensch ist und Design und Grafik studiert hat, verlief ihr Leben komplett anders als meines. Mit gerade einmal zwei Jahren bekam sie einen kleinen Bruder, so klein und rund, dass man gar nicht wusste, wo Anfang und Ende war, und der die ganze Zeit lachte – ansonsten war er zu nicht viel zu gebrauchen. Ich erinnerte sie vermutlich an eine ihrer Puppen, abgesehen von der Tatsache, dass sie mit mir nicht spielen konnte. Wenn ich als kleiner Junge nicht das tat, was sie wollte, bekam ich eins auf die Mütze – ganz liebevoll, natürlich, wie große Schwestern eben sind. In unseren Anfangsjahren waren wir sehr eng, allein deshalb, weil wir einander die einzigen Spielkameraden waren, die beim nächsten Umzug nicht wie von Zauberhand verschwanden.

Doch je mehr Zeit verging, desto mehr entwickelten wir uns in unterschiedliche Richtungen. Sie wurde sesshaft, mich ergriff die Krüger'sche Unruhe. Die Welt scheint für uns Krügers nicht groß genug zu sein, uns zieht es immer hinaus. Im tiefsten Inneren sind wir Reisende, die nie ankommen wollen. Aber eben nicht Malaika. Sie zog in ein Haus, ich in die Welt. Sie fuhr geradeaus, ich bog an jeder Kreuzung nach links oder rechts ab. Malaika ist geradlinig und konstant. Da wo ihr Leben in geregelten Bahnen verlief, fuhr ich Schlangenlinien. Obwohl wir Geschwister sind, könnten wir unterschiedlicher nicht sein. Deswegen fiel es uns nicht immer leicht, Verständnis füreinander aufzubringen. War ich als kleiner Junge bereits verträumt und der Welt entrückt, gibt es heute wohl Phasen, in denen ich mich in meinen Gedanken komplett verliere. Mir ist bewusst, dass ich für die meisten, die mir begegnen, nicht greifbar bin. Doch ein Mensch ist nun mal so, wie er ist. Das Leben ist für mich ein wundervolles Abenteuer, von dem ich bis heute einfach nicht genug bekommen kann. Und ich bin heute erfahren genug, es nach meinen Wünschen und Bedürfnissen auszurichten und nicht nach denen anderer.

KAPITEL 4
N47°59'53.8" E11°21'24.4"
STARNBERG, DEUTSCHLAND

Nach den ersten Jahren in Lugano zogen wir nach Feldafing am Starnberger See. Das ist ein Ort, wo die Welt – zumindest für ein Kind – noch in Ordnung ist. Wir waren umgeben von Natur. Vor uns der See, im Hintergrund die Berge. Viel schöner geht es nicht. Und auch wenn sich in der bayerischen Provinz Hase und Fuchs gute Nacht sagen: Als Kind konnte ich mir keinen idyllischeren Platz zum Leben vorstellen. Malaika und ich verbrachten viel Zeit im Wald oder an einem der unzähligen Holzstege, die in den See hineinragen. Feldafing strahlt eine besondere Ruhe aus. Kein Vergleich zum lauten und trubeligen München, wo wir weiterhin auf die International School gingen. Es war ein gutes Leben. Unsere Mutter und das Kindermädchen Anne kümmerten sich rührend um uns. Das Leben schien perfekt.

Wir wohnten in einer großzügigen Wohnung. Wenn mein Vater in den Drehpausen zwischen den Filmen da war, verbrachte er seine Zeit mit uns, marschierte mit uns durch den Wald, unternahm lange Fahrradtouren oder zeigte uns das Schloss Garatshausen, das aussieht, als wäre es der Kulisse eines Sisi-Films entsprungen.

Doch meinen Vater plagte die Sorge, dass ich zu sehr in meiner eigenen kleinen Welt leben könnte. Eines Tages sagte er zu meiner Mutter: »Der Bursche hat die Füße im Sand und den Kopf in den Wolken.« Und es stimmte, ich war als Kind ein regelrechter Träumer und hatte Schwierigkeiten, Freunde zu finden. Die Jungs waren mir zu grob, und von Mädchen war ich ohnehin schon viel zu viel umgeben, als dass ich sie auch noch zum Spielen hätte treffen wollen. Immerhin war ich die meiste Zeit des Jahres mit Anne, Mama und Malaika allein unter Frauen. Mein Vater wollte mich deshalb in den Fußballverein schicken, damit ich etwas männlicher würde. Ich fand das ehrlich gesagt ziemlich blöde. Warum sollte ich stundenlang einem Ball hinterherlaufen und mich mit den Jungs um einen Schuss aufs Tor prügeln? Ich entschied, dass der Ball doch lieber zu mir kommen solle, und wurde Torwart. Kein besonders guter übrigens, denn natürlich hing ich auch in dieser Position die meiste Zeit meinen eigenen Gedanken nach und sah die Bälle nicht selten erst viel zu spät aufs Tor und damit auf mich zuschießen.

Im Unterricht war es ähnlich. Die International School in München war ein wunderbarer Ort, ein richtiges kleines Schlösschen. Morgens brachte uns Anne in die Schule, und wir verbrachten den ganzen Tag dort. Das Lernpensum war dementsprechend hoch und vielseitig. Wir hatten unzählige Möglichkeiten, uns auszutoben, vom American Football bis zum Theater. Und so fing ich mit dem Schauspiel an, Pinocchio war meine erste Rolle. Leider war mein Einstand auf den Brettern, die die Welt bedeuten, kein guter. Denn der Text, den ich gelernt hatte, wollte partout nicht aus mir herauskommen. Ich glaube, ich stand den ganzen Abend nur auf der Bühne, in meinem Kostüm mit der langen Nase, und war zur Salzsäule erstarrt. Es ist ein Wunder, dass ich es nach diesem Desaster überhaupt noch einmal probierte – aber ich spürte bereits damals, dass mir die Schauspielerei mehr gab, als es jedes Fußballspiel und jedes Skirennen hätten tun können.

Den ganzen Tag lang schlüpfte ich in meiner Fantasie in Rollen und verzettelte mich in erdachten Handlungssträngen. Ich mimte meine Helden, und mein Vater war einer davon. So vertrödelte ich die Tage zwischen den Welten, und manchmal passierte es sogar, dass ich einfach verschwand. Wenn mir der Unterricht zu langweilig wurde oder mich eine meiner erfundenen Geschichten aus dem Klassenzimmer trieb, meldete ich mich und signalisierte der Lehrerin, dass ich mal für kleine Jungs müsse. Sie ließ mich gehen – nicht ahnend, dass ich nicht allzu schnell wieder zurückkehren würde. Um meinen Ausbruch noch abenteuerlicher zu inszenieren, ging ich zwar auf die Toilette, kletterte jedoch aus dem Fenster und flüchtete über die Feuerleiter in die Freiheit. Ich hätte auch einfach das Schultor nehmen können, aber das wäre ja nur halb so spannend gewesen.

Dann machte ich mich auf den Weg in den angrenzenden Wald und verschwand für Stunden. Eine ganze Weile spielte ich mit meinen imaginären Helden zwischen den Bäumen und im Unterholz, bis mir in den Sinn kam, dass sich die Lehrerin sicherlich große Sorgen machte. Also kehrte ich um, sammelte aber am Wegesrand ein paar Blumen und band sie als Entschuldigung zu einem kleinen Strauß zusammen. Das sollte die Strafe lindern, die mich bei meiner Rückkehr sicher erwarten würde. Selbst wenn ich als Pinocchio ein Reinfall gewesen war, die Rolle des reuigen Schülers beherrschte ich großartig. Die Lehrerin empfand tatsächlich Mitleid mit mir und streichelte mir über die blonden Haare. Leider vergaß sie nicht, meinen Eltern von meinem Ausbruch zu berichten, wofür mir mein Vater nach allen Regeln der Kunst den Hintern versohlte.

Meine Eltern versuchten häufig mit Verboten, meinem starrsinnigen Wesen beizukommen. »Tu das nicht, lass jenes bleiben« und so weiter. Das war mir natürlich vollkommen schnuppe, ich reagierte gar nicht darauf, sondern tat, was ich wollte. Erzieherische Maßnahmen bewirkten in meinem Fall oft nur das Gegenteil: Sie weckten meine Neugier. Denn sie brachten mich meinen Helden aus Comics, Büchern und dem Fernsehen näher, Piraten, Lausbuben, Kapitäne, Tom Sawyer, Huckleberry Finn und wie sie alle heißen. Von denen schnitt ich mir dicke Scheiben ab, denn so wollte ich leben: frei, wie es mir gefiel, mit den Füßen im Sand und dem Kopf in den Wolken.

Mein Leben schien so perfekt, dass ich von dem Moment, der alles veränderte, kalt erwischt wurde.

Es muss im Jahr 1976 gewesen sein, als das idyllische Leben am Starnberger See erste Risse bekam, die wir allerdings erst einmal gar nicht mitbekamen. Denn das ist das Problem, wenn man im Paradies lebt: Man denkt, dass sich nie etwas ändert. Als Kind von gerade einmal acht Jahren konnte ich die Beziehung meiner Eltern sowieso nicht verstehen. Sie waren verheiratet, und eine Heirat dauerte für immer. Punkt. Dass das nicht unbedingt stimmt, bekommt man vielleicht von Schulkameraden mit, deren Eltern sich von einem Tag auf den anderen scheiden lassen. Aber mit der eigenen Familie hat das nicht viel zu tun.

Ich erinnere mich an wenig aus dieser Zeit. Vermutlich habe ich das meiste gar nicht mitbekommen, weil ich wie gesagt so oft mit den Gedanken überall war, aber nicht im Hier und Jetzt. Doch eines Tages bemerkte ich, dass es meiner Mutter nicht gut ging. Sie weinte viel, wurde dünner, als sie ohnehin schon war, und mir fiel auf, dass sich unser Kindermädchen Anne noch liebevoller als sonst um uns kümmerte.

Erst viel später erfuhr ich, dass mein Vater auf einem seiner Drehs eine junge Frau kennengelernt hatte. Eine Amerikanerin namens Anita Park, in die er sich vom Fleck weg verliebt hatte und die er mit nach Deutschland nahm. In Hamburg mietete er ihr eine Wohnung an und führte für einige Monate ein heimliches Doppelleben – was den allzu neugierigen Medien natürlich nicht lange verborgen blieb. Die Sache flog auf, die Zeitungen waren voll davon. Meine Mutter floh mit uns nach Lugano, um sich von ihren Eltern und der Heimat trösten zu lassen.

Francesca Marazzi und Hardy Krüger trennten sich. Die große Liebe war erloschen, und der Kummer meiner Mutter machte mir sehr zu schaffen. Außerdem fühlten wir uns von der Presse regelrecht verfolgt. Die Boulevardmagazine machten ein riesiges Spektakel aus der ganzen Situation, unerbittlich wurde in alten Geschichten und Gerüchten gewühlt. Man versuchte, meinem Vater zu unterstellen, dass er meiner Mutter schon früher untreu gewesen war. Es wurden Aussagen gedruckt, die später niemand getroffen haben wollte. Eine wirklich schreckliche Zeit, die meiner Mutter viel abverlangte. Ich habe großen Respekt vor ihr, wie sie das alles irgendwie schaffte. Wer in der Öffentlichkeit steht, und sei es auch nur durch die Heirat mit einem Prominenten, wird besonders in so einer Situation verurteilt, bemitleidet, angegriffen.

Dazu kam die Sache mit dem Geld. Meine Mutter ist eine sensible Künstlerin, genau wie alle Marazzis. Dass sie plötzlich auf eigenen Beinen stehen musste, noch dazu mit zwei Kindern, stellte eine Herausforderung dar. Vorher war ihr Leben ein einziger nicht enden wollender Traum gewesen. Geld hatte keine Rolle gespielt. Sie hatte mit meinem Vater die schönsten Flecken der Erde besucht. Und mit einem Mal war alles anders.

Wir zogen in einen Schuhkarton in Starnberg – eine deutlich kleinere Wohnung, die wir uns zudem mit einer anderen Frau und ihrer Tochter teilen mussten, um sie uns leisten zu können: Ulla Mallory, die Witwe des Momella-Lodge-Mitbegründers Jim Mallory, der 1971 an Malaria gestorben war, und ihrer Tochter Tanja. Ich war allein unter Frauen.

Und verstand die Welt nicht mehr. Warum war mein Vater gegangen? Hatten wir, oder noch schlimmer, hatte ich irgendetwas falsch gemacht? Vielleicht, so dachte ich damals, war ich zu unartig gewesen, hatte zu viel Ärger gemacht, und darüber hatten sich meine Eltern zerstritten. War ich als Sohn eine so große Enttäuschung gewesen, dass mein Vater sich von uns abgewandt hatte?

Es geht vielen Kindern so, deren Eltern sich trennen, dass sie die Schuld bei sich suchen – auch weil die Erwachsenen manchmal keine Worte finden, mit denen sie das Ende ihrer Beziehung erklären können. Dabei sind die Kinder doch so gut wie nie der Grund, warum eine Partnerschaft scheitert. Leider erfährt man das erst viel später, wenn man selbst erwachsen ist und seine eigenen Fehler macht.

Obwohl wir sehr eng zusammenrückten, fehlte das Geld doch an allen Ecken und Enden. Wir mussten jede Mark zweimal umdrehen, obgleich meine Mutter zwei Jobs in München angenommen hatte, um über die Runden zu kommen. Sie arbeitete wie ein Tier und wurde immer stiller.

Auch die Scheidung von meinem Vater war hässlich. Die Presse inszenierte eine falsche Geschichte nach der anderen, Journalisten belagerten unsere Wohnung und hielten meiner Mutter Mikrofone unter die Nase, kaum dass sie das Haus verließ. Sie war gekränkt von der Entscheidung meines Vaters, fühlte sich alleingelassen mit uns Kindern und war überfordert mit der Verantwortung.

Mein Vater war in Amerika, wo er sich mit Anita Park ein neues Leben einrichtete. 1978 heirateten sie. Ich bin ihr in meinem Leben nur wenige Male begegnet, vor allem dann, wenn Malaika und ich in die Staaten flogen, um unseren Vater zu besuchen. Sie war stets freundlich und fürsorglich, hielt sich jedoch immer ein wenig im Abseits. Ihr Schlafzimmer und andere Räume im Haus waren für uns tabu, und solange wir uns an ihre Regeln hielten, hatten wir kein Problem miteinander.

In Deutschland aber hatten wir alles verloren. Die schöne große Wohnung, die Autos, das Geld, unser Kindermädchen Anne und am schmerzlichsten: unseren Papa.

Auch die International School in München konnten wir uns nicht mehr leisten. Also wurde ich auf eine Volksschule in der bayerischen Provinz geschickt. Das war ein Kulturschock, anders kann ich das heute nicht beschreiben. Ich war es gewohnt, mit Mitschülern aus den unterschiedlichsten Ländern die Schulbank zu drücken, und plötzlich war ich von Raufbolden in Lederhosen umgeben, die absichtlich so breiten Dialekt sprachen, dass ich sie manchmal gar nicht richtig verstand. Alles, was früher weit und einladend gewesen war, empfand ich mit einem Mal als eng und abweisend. Nicht nur einmal packte ich meine kleine Tasche in der festen Absicht, aus Starnberg zu verschwinden. Und doch brachte ich es nie übers Herz, meine Mutter auch nur eine Stunde länger zu verlassen, als es notwendig war. Mit ihr hatte ich immer häufiger Ärger, weil ich auf der neuen Schule so schlecht klarkam, mich mehr und mehr in meine Traumwelten zurückzog und immer häufiger mit dem Gedanken spielte, unabhängig zu sein.

Aus heutiger Sicht weiß ich natürlich, dass mich diese Phase unseres Lebens eine wichtige Lektion lehrte: Das Stolpern gehört dazu, das Hinfallen auch. Man kann nicht leben, ohne sich ab und an ein aufgeschürftes Knie einzuhandeln. Die Hauptsache ist, wieder aufzustehen und weiterzumachen.

Ich war nicht der Einzige, der sich mit der neuen Situation schwertat. Meine Schwester Malaika wünschte sich nichts sehnlicher zurück als die alte heile Welt. In ihrer Verzweiflung nahm sie sich unsere Nachbarn zum Vorbild, dem sie nacheiferte: Familie Timm, ein paar Häuser weiter die Straße hinunter. Es waren die »Waltons« von Starnberg, er Anwalt, sie Hausfrau. Sie hatten ein perfektes Haus und perfekte Kinder, Frau Timm war die perfekte Mutter. Sie hatte alles im Griff, sah immer super aus, war gut gelaunt und konnte backen wie ein Weltmeister. Malaika war bemüht, uns zu einer Familie wie die »Waltons« zu machen. Nicht nur einmal fragte sie meine Mutter: »Warum kannst du nicht backen wie Frau Timm?« Wahrscheinlich meinte sie damit: »Warum können wir keine ganz normale Familie sein wie unsere Nachbarn?«

Wenigstens in den Sommerferien erlebten wir etwas anderes. Denn mein Vater holte uns ein paarmal für einige Wochen zu sich nach Bel Air. Das war wahnsinnig aufregend. Wir durften allein in einem Jumbojet über den Atlantik fliegen. Dort angekommen, fuhren wir mit Jeeps durch das Monument Valley, besuchten die Geisterstadt Calico, die Rocky Mountains und Las Vegas. Jeder Besuch war einzigartig, denn mein Vater nahm sich viel Zeit für uns und bemühte sich, uns das Gefühl zu geben, dass er alles für uns tun würde. Dennoch wussten wir, dass er seine Entscheidung, mit Anita in Amerika zu leben, nicht rückgängig machen würde. Mein Vater ist, ich erwähnte es bereits, sehr konsequent, wenn er einmal etwas entschieden hat. So wie er nie mehr nach Tansania reiste, nachdem die Lodge enteignet worden war, und für viele, viele Jahre Berlin keinen Besuch mehr abstattete, nachdem er während der Dreharbeiten in den Mauerbau hineingeraten war und sich anschließend für ein neues Leben entschied. Nun lebte er in den Staaten und liebte Anita – daran gab es nichts zu rütteln.

Für mich als seinen Sohn war das nicht immer leicht. In seiner Nähe fühlte ich mich geborgen und wohl, gesehen sogar. Es gibt Menschen, die sind wie Scheinwerfer: Wenn sie dich anstrahlen, wird dir sofort warm, denn du stehst im Mittelpunkt und sonnst dich in ihrer Aufmerksamkeit. Wenn der Scheinwerfer jedoch ausgeht oder sich wegdreht, wird es kalt und dunkel. Menschen wie mein Vater verfügen über Aura, Präsenz und Charisma. Das wirkt sehr anziehend auf andere – was anstrengend sein kann. Deswegen wenden sich diese Menschen irgendwann innerlich ab und lassen ihre Bewunderer im Dunkeln stehen.

Ich weiß das so genau, weil ich diese Eigenschaft mit meinem Vater teile. Es gelingt mir häufig nicht, die Energie an mein Gegenüber zurückzugeben, die es sich wünscht. Dann ziehe ich mich in mich zurück, zur Enttäuschung der Menschen um mich herum.

Viele, die mir begegnen, glauben, mich zu kennen. Doch der, den sie vor sich haben, ist nicht der, den sie im Fernsehen in einer Rolle gesehen haben. Er ist Schauspieler und spielt eine Rolle. Den echten Hardy kennt kaum jemand.

In der Volksschule war ich ein Exot. Da mein Vater berühmt war, war ich niemals ich selbst, sondern immer »der junge Krüger«, der Sohn des Weltstars. Es war nicht leicht, diese Rolle zu verstehen.

Ich suchte meine eigene Identität und gab mir gleichzeitig Mühe, der Figur des Sohnes gerecht zu werden. Kein Wunder, dass ich Schwierigkeiten hatte, Anschluss zu finden.

Als ich zwölf war, sagte ich zu meinem Vater: »Papa, ich komme in der Schule nicht klar.« Ich hatte von einem Internat in Stein an der Traun am Chiemsee gehört. Da wollte ich hin, weil ich die Hoffnung hegte, eine Gemeinschaft wie auf der International School vorzufinden, auf die ich die ersten Jahre meines Lebens gegangen war. Obwohl ich bei der Aufnahmeprüfung unter einer schlimmen Erkältung litt und Fieber hatte, wurde ich genommen. Mein Vater war stolz auf mich, und das wiederum machte mich sehr glücklich. Es war das erste Mal, dass ich seinen Stolz wirklich bemerkte. Die größte Zeit meines Lebens hatte ich ihm mit meiner sensiblen, ruhigen Art ja eher Sorgen bereitet. Ich war kein harter Kerl, fühlte mich nicht wie ein Held, der mein Vater war. Ich war ein Marazzi. »Was soll nur aus dem Jungen werden?«, hatte mein Vater stets voller Sorge gefragt und sich schließlich selbst die Antwort gegeben: »Ein Träumer!«

Kurz nach meinem zwölften Geburtstag brachte mich mein Vater an den Chiemsee in das Internat. Wieder ein altes Schloss, das mich an Harry Potters Hogwarts erinnert hätte, wenn das Buch damals schon geschrieben gewesen wäre. Das Internat war eine Eliteschule für Träumer und Ausreißer wie mich, aus denen eines Tages vernünftige Erwachsene werden sollten. Nach dem ganzen Gefühlschaos der letzten Jahre war die Schule allerdings das Beste, was mir passieren konnte. Ich wollte weg von zu Hause, fort von Starnberg und die Enge hinter mir lassen – ja, auch meine Mutter und meine Schwester. Alles hatte sich durch den Weggang meines Vaters verändert, auch die Beziehungen derjenigen zueinander, die übrig geblieben waren. Der Ort, den ich früher, als unsere Welt noch in Ordnung gewesen war, so geliebt hatte, war für mich zu einer Umgebung geworden, in der ich mich nicht mehr wohlfühlte. Meine Sturheit und mein Widerstand brachten meine Mutter oft an den Rand der Verzweiflung. Ich wollte ihr das nicht mehr antun, und mein Vater gab mir die Chance, in Stein an der Traun zu beweisen, dass ich mehr konnte als nur träumen.

Das Internat, das im Zweiten Weltkrieg wohl ein Stützpunkt der Nazis gewesen war, lag am Fuße eines großen Felsens. Auf diesem versteckte sich eine Kirche hinter den Bäumen, die das Gelände des Schlosses umgaben. Auch ein Fluss schlängelte sich durch das große Internatsgelände. Die Schüler wurden auf unterschiedliche Häuser aufgeteilt, diese trugen Namen aus der griechischen Mythologie. Es gab den Olymp, aber natürlich auch den Hades – und genau dort landete ich. Die Zimmer waren sehr niedrig und immer ein bisschen feucht. Wir lebten eigentlich in einer Höhle, wenn man so will, denn ein Teil des Haupthauses war in den Felsen hineingebaut. Neben zwei Stockbetten gab es in jedem Zimmer hohe Eichenschränke. Jeden Samstag wurde alles gründlich kontrolliert, und wer seinen Schrank nicht aufgeräumt hatte, musste Strafdienst leisten. Das klingt aus heutiger Sicht viel strenger und unfreundlicher, als es in Wahrheit war, denn das Internatsleben war eine ziemlich tolle Erfahrung. Ich lernte viel, auch fürs Leben, und freundete mich mit zwei Jungs an, mit denen ich allerhand Blödsinn veranstaltete, was mich zum Hauptabnehmer des Strafdienstes machte.

Es fing mit der üblichen Strafe des Hofkehrens an. Ich steigerte mich so weit, dass ich zur freiwilligen Feuerwehr abkommandiert wurde. Wobei »freiwillig« in dieser Hinsicht nicht so ganz stimmte. Was mich letzten Endes mäßigen konnte, war der Sport. Sport? Als Strafe? O ja! Ein Extremsportler mit dem Spitznamen »Genne« jagte mich durch die Wälder. Manchmal zu Fuß, manchmal auf Langlaufskiern, und er überlegte sich noch andere Methoden, um mich zu triezen. Ich war ja nicht der laute und rebellische Junge, der sich auf dem Schulhof kloppte, und doch war es bisher niemandem gelungen, mir meine kleinen Ausreißer auszutreiben. Anfangs waren es noch die Wälder und die Natur, die mich nach draußen trieben, später die Mädchen von gegenüber. Da eröffnete sich mir ein ganz neues Universum.

Ein kleines Problem hatte ich allerdings. Meine Gedanken und Ideen waren die eines älteren Jungen – die standen aber in krassem Gegensatz zu meinem Aussehen. Optisch kam ich als Jugendlicher nämlich nie über das Alter von zwölf Jahren hinaus. Statt interessant zu sein für die Mädchen, die ich toll fand (und meistens waren die schon ein paar Jährchen älter), weckte ich eher Muttergefühle in ihnen. Das neue Universum, unendliche Weiten ... und kein Planet, auf dem ich landen konnte. Aber wo der Körper nicht hinterherkam, schritt der Geist schon voran.

Wenn ich heute zurückdenke, war die Zeit im Internat eine der glücklichsten meines Lebens. Ich hatte alles, was sich ein junger Mensch wünscht: Ruhe vor den Eltern und Geschwistern, Freunde, die im selben Haus wohnen, eine große Bibliothek, einen Sportplatz, ein Theater. So klein dieser Ort auch war, er hatte alles, was ich zum Leben brauchte.

Samstags war im Internat immer Kinoabend. Und genau dort hatte ich mein Erweckungserlebnis: Wir sahen *Doktor Schiwago*, einen Film, der mit fünf Oscars ausgezeichnet worden war. Es geht darin um einen Arzt in Russland zur Revolutionszeit, gespielt von Omar Sharif, der sich nicht zwischen zwei Frauen, dargestellt von Julie Christie und Geraldine Chaplin, entscheiden kann. Mal abgesehen davon, dass ich von Frauen in etwa so weit entfernt war wie vom russischen Zarenreich, war ich vollkommen überwältigt von dem Film. Er beförderte mich in Lichtgeschwindigkeit in eine Traumwelt, in der ich als Jurij Schiwago abwechselnd die Herzen von Lara und Tonya brach. Die Musik versetzte mich in Hochstimmung, ein halbes Jahr lang rekapitulierte ich im Geiste die Szenen, die mir in Erinnerung geblieben waren. Man kann sagen, ich war besessen von *Doktor Schiwago* – und nun war ich mir sicher, ich wollte eines Tages Schauspieler werden. Genau wie Omar Sharif! Umgeben von den schönsten Frauen der Welt, mit Drehorten in exotischen Ländern, und dann, eines Tages, wenn ich den Oscar als bester männlicher Hauptdarsteller in den Händen hielt, würde ich mich bei meinem Vater bedanken ...

Wie gesagt: Das Leben spielte sich vor allem in meiner Fantasie ab. Immerhin wurden meine Noten endlich besser, denn eines Tages steckte mir mein Klassenlehrer, wie ich die Nachmittage zukünftig vom Unterricht befreit werden konnte: »Du musst einfach nur in jedem Fach mindestens eine Zwei haben.«

Was? Das war alles? Ich kniete mich richtig rein und büffelte zum ersten Mal in meinem Leben aus eigenem Antrieb für die Schule. Denn an den Nachmittagen fanden die vielen AGs statt, vor allem die Theatergruppe, für die ich mich sehr begeisterte. Ich spielte in jedem Stück mit, das in meiner Zeit auf dem Internat aufgeführt wurde, und entdeckte meine Liebe für die darstellenden Künste. Auf der Bühne zu stehen, verlieh mir das Gefühl, etwas Besonderes zu sein. Zum ersten Mal war ich wirklich glücklich.

Aber das Glück, es ist so flüchtig. Oft bleibt es nur für einen kurzen Moment im Leben und zieht weiter, kaum dass man es bemerkt hat. Drei Jahre blieb ich im Internat Stein an der Traun, dann war mit einem Mal Schluss. Mein Vater war der Meinung, dass es für mich an der Zeit war, mich im »normalen« Leben zu behaupten. Letzten Endes waren es wohl aber auch die hohen monatlichen Kosten des Internats, die ihn zu der Entscheidung veranlassten, mich wieder auf die staatliche Schule zu schicken. Wieder einmal in meinem jungen Leben fing ich von vorn an.

KAPITEL 5
N48°09'16.2" E11°34'58.7"
MÜNCHEN, DEUTSCHLAND

Mit fünfzehn denkt man, dass man schon sehr viel weiß. In Wahrheit weiß man gar nichts – je älter man wird, desto mehr begreift man das. Der erste Liebeskummer fühlt sich trotzdem so schlimm an, dass man sicher ist, nie wieder einen solchen Schmerz erleben zu müssen. Enttäuschungen wiegen so viel wie Gebirge. Jede Empfindung, die man verspürt, ist so groß und unverstellt, weil man sie zum ersten Mal erlebt.

Mein Umzug von Stein an der Traun zurück nach Starnberg kam mir vor wie der Umzug in ein anderes Leben. Ich war unendlich traurig, das Internat verlassen zu müssen, denn ich hatte eine großartige Zeit dort gehabt. Ich hatte endlich mich selbst kennengelernt, den echten Hardy junior, war weg von meiner Mutter, weg von meiner Schwester und auch weg vom Ruhm meines Vaters. Im Internat hatte ich unter dem Deckmäntelchen des guten Schülers ein Vagabundenleben geführt. Die Nachmittage hatten mir allein gehört – und vielleicht meinen sehnsuchtsvollen Gedanken an Dr. Schiwago. Und nun war alles vorbei. Ich konnte mich nicht erinnern, jemals so traurig gewesen zu sein, einen Ort zu verlassen.

Vielleicht weil ich schon ahnte, dass mich in meinem neuen Leben große Probleme erwarten würden.

Ich zog zurück zu meiner Mutter, Malaika, Ulla und ihrer Tochter Tanja. Dort wehte der Wind von einer ganz anderen Seite. Meine Mutter musste nach wie vor viel arbeiten, um uns alle durchzukriegen. Sie stand den ganzen Tag in diversen Boutiquen und verkaufte Kleider, die sie sich selbst schon lange nicht mehr leisten konnte. Am Wochenende organisierte sie Ausstellungen. Sie wünschte sich einen Mann, der sie unterstützte, doch bei der Partnerwahl hatte Francesca Marazzi einfach kein gutes Händchen. Angebote waren genug vorhanden, und einige wären sicher gut zu ihr gewesen. Die Wahl fiel aber allzu oft auf Männer, die sie nicht glücklich machten. So wurde sie immer trauriger. Manchmal kam es mir vor, als hätte nicht nur mein Vater uns verlassen, sondern als hätte er auch gleich das Lebensglück meiner Mutter mitgenommen. Mir tat es sehr leid, dass wir ihr nicht helfen konnten. Unser einziger Beitrag war, gute Noten nach Hause zu bringen und ihr keinen allzu großen Kummer zu bereiten.

Aber leichter gesagt als getan. Denn die Situation zu Hause war angespannt, immer noch teilten sich die Frauen der Familie Mallory und die Marazzi-Krügers eine Wohnung – als Mann war ich in der Unterzahl. Im Internat hatte ich drei Jahre lang hauptsächlich mit Jungs zu tun gehabt, auch weil die Mädchen mich aufgrund meines kindlichen Aussehens wie Luft behandelt hatten. In den ersten Wochen in Starnberg sehnte ich mich deshalb jeden Tag zurück ins Internat und fragte mich ein ums andere Mal, warum mein Vater nicht weiter für die Schulgebühren aufkommen wollte.

Aus heutiger Sicht verstehe ich ihn. Sein Ziel war, mir zu verdeutlichen, dass es im Leben auf die eigene Leistung ankommt. Im Internat gab es in jeder Klasse nur zehn Schüler, und ich hatte mehr für die Schule getan als je zuvor, was sich natürlich auch in besseren Zensuren zeigte. Doch mein Vater hatte Stein an der Traun immer nur als Zwischenlösung betrachtet, bis ich wieder fest im schulischen Sattel saß. Er hatte so viel investiert, wie nötig gewesen war, um mich wieder auf eine normale Schule gehen zu lassen.

Ich will nicht undankbar wirken. Für die Möglichkeit, das Internatsleben und damit auch meine wahren Leidenschaften kennenzulernen, war und bin ich meinem alten Herrn unendlich dankbar. Denn in Stein an der Traun fing ich zum ersten Mal an, mich selbst zu verstehen. Auch weil ich damit begann, mich mit der Geschichte meiner Familie auseinanderzusetzen. Ich hatte genug Abstand und Zeit, um darüber nachzudenken und zu begreifen, was passiert war und wie alles so gekommen war: die vielen Drehs im Ausland, Anita Park, die Entfremdung, die Trennung, die Presse ...

Auch war ich im Internat, so merkwürdig das klingen mag, meinem Vater endlich nähergekommen. Ein paarmal hatte er mich besucht, und wir hatten das Wochenende miteinander verbracht. Wir hatten viel geredet, und ich hatte das Gefühl gehabt, dass es ihm im Herzen wehtat, nicht bei uns sein zu können. Ich weiß heute, dass er immer sehr an uns Kindern hing. Dennoch hatte sich mein Vater für ein anderes Leben entschieden. Das hatte ich verstanden. Aber der Weg zurück nach Starnberg war nicht leicht.

Ich wusste, dass ich ab jetzt der Mann im Haus sein sollte, allein unter Frauen. Ich verstand es als meine Aufgabe, zwischen meinen Mitbewohnerinnen zu vermitteln. Das ging allerdings gründlich in die Hose, vor allem mit meiner Schwester krachte es eigentlich ununterbrochen, seitdem ich zurückgekommen war.

Ich kann weder meiner Mutter noch meiner Schwester einen Vorwurf machen. Sie sahen in mir den Jungen, der seinem Vater nacheifert und versucht, genauso zu sein wie er. Ich wiederum wollte vor ihnen den Beschützer mimen und meinem Vater im Alter von gerade einmal fünfzehn Jahren beweisen, dass er stolz auf seinen Jungen sein konnte. Aus heutiger Sicht natürlich ein naiver Wunsch. Irgendwann im Laufe deines Lebens begreifst du, dass all diese Dinge, für die du dich verantwortlich fühlst, gar nicht in deiner Macht stehen. Du kannst es niemandem recht machen. Das Einzige, was du tun kannst, ist, dich selbst auf den Weg zu machen.

Während ich darüber nachdachte, wie ich meinem Leben eine neue Wendung geben konnte, beschloss das Leben selbst, sich in eine unerwartete Richtung zu drehen. Denn meine Mutter entschied, dass es für mich besser sei, auf eine Schule in München zu gehen, außerdem hatte sie die Pendelei von Starnberg in die City satt. Also zogen wir um, nach München ins Glockenbachviertel, in eine Altbauwohnung im vierten Stock mit Sicht auf einen kleinen Spielplatz. Ich fühlte mich sofort wohl. Die großen Fenster, die alten Böden, die knarzenden Türen und das Gewusel auf den Straßen – ich wusste bereits am ersten Tag, hier fängt ein neues Leben an.

Die Schule, die sich an der Münchner Freiheit befand, war nicht zu vergleichen mit dem Internat. Dennoch gefiel es mir vom ersten Moment an gut, denn ein Haufen schräger Vögel war dort zu finden. Mein erster Anlaufpunkt war, wie immer, die Theatergruppe der Schule. Ich schloss mich außerdem der Schülerband an und zupfte mich mit dem E-Bass durchs wilde Schwabing. Schnell fand ich Freunde, rauchte die ersten Joints, feierte Partys. Ich war mittlerweile sechzehn geworden, und das Leben fing an, mir Spaß zu machen. Auch weil ich wenig lernte und viel arbeitete. Meinen ersten Job bekam ich in Michael Gräters Schwabinger »Extrablatt«, einem beliebten Restaurant mit guter Küche, in dem die Stars und Sternchen ein und aus gingen. Am Wochenende arbeitete ich außerdem für einen kleinen Kiosk am Sendlinger Tor. Es war Mitte der 1980er-Jahre, Arnold Schwarzenegger und Sylvester Stallone waren die Helden der Zeit. Wir liefen alle in die Fitnessstudios und stemmten Eisen wie die Verrückten.

Und ich fing an zu schreiben, meist Theaterstücke, und trieb mich an meinen freien Nachmittagen in Cafés und Buchläden herum. Fast ein wenig wie im Internat, da hatte sich auch keiner dafür interessiert, womit ich meine Zeit totschlug – mit dem Unterschied, dass ich in Stein an der Traun wenigstens noch etwas für die Schule getan hatte, um die Nachmittage zur freien Verfügung zu haben. Meine Mutter und Malaika sahen mich kaum noch, was hin und wieder für ordentlich Ärger sorgte und im Umkehrschluss dazu führte, dass ich noch seltener den Weg nach Hause fand.

Theater und Kinos waren meine Welt, die Hans-Sachs-Straße mein Revier. Hier gab es Cafés und Bars mit Kleinkunstbühnen, Plattenläden und Secondhandshops. Und überall interessante, intellektuelle Menschen, die ich stundenlang beobachtete. Distinguierte Herren, vornehme Damen, Studenten, junge Familien, verliebte Paare ... Ich saugte alles auf.

Ich besaß zwei Anzüge, die ich in einem der Secondhandläden gekauft hatte, drei Hemden und zwei Paar Schuhe. Jeans trug ich nie. Ich liebte Bücher, las die literarischen Werke aller großen Schriftsteller und Denker, trank meinen Kaffee schwarz und rauchte wie ein Schlot. Stundenlang saß ich in meinen Lieblingscafés und schrieb an meinen Stücken. Jeden Gedanken empfand ich als revolutionär. Möglicherweise war das meine kurze, aber umso heftigere Sturm-und-Drang-Phase.

Mein junges Aussehen war aber immer noch ein Problem. Ich erregte kaum Aufsehen, wenn ich einen Raum betrat. Kam ich aber in ein Gespräch, so merkte ich, dass sich doch die eine oder andere Chance ergab ... zumindest zum Flirt. Es waren meist die Bedienungen der Cafés, in denen ich mich Stunde um Stunde aufhielt, die sich fragten, was dieser junge Bursche im Anzug, so vertieft in seine Gedanken, wohl trieb. Eine Frau bezeichnete mich damals als einen interessanten aristokratischen Jüngling. In meinen Ohren war dies das schönste Kompliment, das ich mir vorstellen konnte.

Es dauerte nicht lange, da weckte ein junges Mädchen meine Aufmerksamkeit. Sie wohnte in der Hans-Sachs-Straße über dem Café, in dem ich die meiste Zeit des Tages verbrachte. Ich entdeckte sie, als ich im Kino gegenüber als Kartenabreißer arbeitete und ihr hell erleuchtetes Fenster direkt in mein Auge stach. Der Job war bescheiden, denn das Kino war uralt, klein und muffig und verfügte nur über Holzbänke. Die Leinwand war so winzig, dass man genauso gut auch warten konnte, bis die Filme im Fernsehen ausgestrahlt wurden, außerdem war es im Filmvorführrsaal immer kalt. Zum Einheizen zog ich mir einen Blaumann an, ging in den Keller, nahm eine Schaufel und fütterte den Ofen mit Briketts. Dabei kam ich mir nicht nur einmal vor wie ein Lokführer. Oft musste ich den Saal nicht einheizen, denn es kamen nur wenig Besucher. An den meisten Abenden war ich nicht nur Kartenabreißer und Vorführer, sondern auch der einzige Gast im Saal.

Wenn ich nach Filmende das Kino verließ, sah ich das fremde Mädchen häufig am Fenster gegenüber sitzen und Musik hören. Sie beschäftigte mich sehr, denn sie machte einen melancholischen Eindruck. Wer war sie? Wenig überraschend, dass es in meinen Theaterstücken bald nur noch um einen jungen Mann ging, der ein Mädchen am Fenster sitzen sieht und sich schlagartig in sie verliebt. Ich hätte alles dafür gegeben, dieses schöne Mädchen kennenzulernen. Unglücklicherweise sah ich nicht nur aus wie ein Zwölfjähriger, ich war auch so schüchtern, dass ich niemals auf die Idee gekommen wäre, sie anzusprechen.

Außerdem war ich noch traumatisiert von einer Erfahrung, die ich zuvor gemacht hatte. Ich hatte einmal ein Mädchen kennengelernt, das mir ebenfalls sehr gefiel. Sie sah nicht nur ungewöhnlich aus, sie zeigte auch Interesse an mir – was mich selbst wohl am meisten überraschte. Ich war überwältigt, denn sie bemühte sich sehr um mich, umgarnte mich geradezu. Dann fand ich heraus, dass sie mit einem Jungen gewettet hatte, ob sie es schaffen würde, mein Interesse zu wecken und mich für sie zu gewinnen. Sie war, wurde mir irgendwann klar, gar nicht an mir interessiert, sondern hatte herausfinden wollen, ob sie den Sohn eines Weltstars rumkriegen könnte. Mein Herz zersprang damals in tausend Stücke. Ich war so enttäuscht und desillusioniert. Vom siebten Himmel fiel ich in die tiefste Hölle. Es war ihr nie um mich gegangen. Eine wirklich schmerzliche Erfahrung, die mich noch mehr verunsicherte, als ich es ohnehin schon war. Deswegen wäre ich auch in hundert Jahren nicht auf die Idee gekommen, mich dem Mädchen am Fenster zu nähern.

Doch der Zufall wollte es, dass ein Freund mit ihr befreundet war und mich ihr eines glücklichen Tages vorstellte. Sie hieß Judith und wurde meine erste Freundin. Oft hört man ja die unglaublichsten Geschichten, wenn es um die erste große Liebe geht. Sie kann dein ganzes Leben beeinflussen – und das tat sie auch bei mir. Judith war noch aufregender, als ich sie mir in meiner Fantasie und meinen Theaterstücken hatte ausmalen können. Wir entdeckten uns, entdeckten die Liebe und den Körper des anderen.

Es ging bergauf, auch in meiner Familie. Meine Mutter fand bessere Jobs, in denen sie für mehr Gehalt weniger arbeiten musste, meine Schwester machte ihr Abitur. Von meinen ersten Ersparnissen kaufte ich mir einen Roller, mit dem ich in Begleitung meiner ziemlich coolen Gang durch München heizte.

Als ich achtzehn war, kaufte ich mir einen eigenen Kastenwagen. Ich hatte vor, richtig groß ins Business einzusteigen und Kurierfahrten zu übernehmen. In meinem Kopf war die Sache schon geritzt, das Geschäft würde in Bälde florieren, ich würde Mitarbeiter einstellen, mehr Autos kaufen, um der Anfragen Herr zu werden ... In Wahrheit war es so, dass der Wagen andauernd kaputtging und alle naselang in die Werkstatt musste. Das, was ich für meine Kurierdienste reinbekam, musste ich eigentlich sofort wieder in die Reparatur stecken. Trotzdem war ich stolz wie Bolle, denn ich hatte mir etwas aufgebaut, aus eigener Kraft, ganz ohne Hilfe.

Dieser Wunsch nach Unabhängigkeit, Freiheit und Selbstbestimmtheit steckte schon immer in mir. Und natürlich spürte ich bereits als Jugendlicher, dass ich im Grunde meines Herzens ein Einzelgänger war, der am liebsten nur Zeit mit sich selbst und seinen Tagträumen verbrachte. Wenn ich allein war, konnte ich meine eigenen Entscheidungen treffen. Das gefiel mir. Selbstbestimmtheit ist ein großer Schritt in die Freiheit. Solange ich denken kann, hege ich den Traum, abzuhauen und mein eigenes Ding zu machen. Auch als Teenager wollte ich mich selbst verwirklichen, auf eigenen Beinen stehen, weder von meinem Vater und seiner Großzügigkeit noch von meiner Mutter abhängig sein. Ich träumte von einer Karriere als Autor, Schauspieler, Musiker, wollte raus in die weite Welt. Ich spürte so viel Kraft in mir und war überzeugt davon, dass ich alles erreichen konnte, wenn ich nur wollte. Ich musste nur loslegen.

In München, das war mir bewusst, ging es nicht mehr weiter. Es ist eine wunderbare Stadt mit hoher Lebensqualität, nicht zuletzt wegen der vielen Parks wie dem Englischen Garten, der Isar, den zahllosen wunderschönen Seen im Umland, der Nähe zu den Alpen, aber auch der Kulturlandschaft, den großartigen Stadtvillen und Institutionen wie dem Viktualienmarkt oder der Wiesn. Die bayerische Gemütlichkeit ist über die Landesgrenzen hinaus bekannt. München habe ich immer wie mein Wohnzimmer betrachtet.

Doch nun brauchte ich einen Tapetenwechsel, neue Eindrücke, eine neue Stadt. Der kleine blonde Junge war der bayerischen Idylle entwachsen und sehnte sich nach neuen Abenteuern.

KAPITEL 6

N52°30'52.0" E13°21'00.0"

WESTBERLIN, DEUTSCHLAND

Ich stand in einem riesigen Arbeitszimmer mit hohen Decken und Stuckverzierung, über eine der Wände erstreckte sich ein gewaltiges Regal, in dem sich Abertausende von Buchrücken eng aneinanderdrängten. Der Holzboden knarzte unter meinen Füßen, während ich mein Gewicht unruhig von einem Bein aufs andere verlagerte. In der Mitte des Raums befand sich ein großer Ohrensessel aus zerknittertem dunklem Leder, der beinahe so imposant und einschüchternd wirkte wie der Mann, der danebenstand und sich an der Rückenlehne festhielt.

Der Hotelbesitzer, der nach dem Tod des langjährigen Besitzers Wolfgang Gerhus das Schlosshotel im Grunewald weiterführte, war ein kultivierter Herr mit großer Ausstrahlung. Ich wusste, dass das Hotel eine glorreiche Geschichte hatte und die Liste der beherbergten Prominenten lang war: Politiker wie Konrad Adenauer und Robert Kennedy, aber auch Filmstars wie Gina Lollobrigida, Peter Ustinov oder Romy Schneider, die in den luxuriösen, gediegenen Räumen sogar geheiratet hatte. Vor der Übernahme Gerhus' hatte das Palais an den Ausläufern des Berliner Kurfürstendamms mit seiner klassizistischen Architektur und dem elegant-nostalgischen Einrichtungsstil einem Rechtsanwalt gehört, der es im Jahr 1912 erbauen ließ. Selbst Kaiser Wilhelm II. soll hier angeblich ein und aus gegangen sein – unter anderem auch, weil er eine Affäre mit der Dame des Hauses gehabt hatte, wie man munkelte.[8] Kurzum: Im Schlosshotel im Grunewald sickerte die Geschichte der vergangenen siebzig Jahre aus jeder Ritze.

Der Hotelier selbst sah aus wie ein englischer Dandy. Man sah ihm an, dass er das Leben in vollen Zügen genoss. Nichtsdestotrotz war seine Wirkung überwältigend, vor allem für einen achtzehnjährigen Grünschnabel wie mich. Ich fühlte mich unglaublich klein und unbedeutend, aber auch dankbar, in einem so imposanten Hotel mit einer derart ruhmreichen Geschichte vorsprechen zu dürfen.

Der Mann sah mir tief in die Augen. »Du willst bei mir arbeiten?«

Ich nickte schüchtern, senkte den Kopf und betrachtete meine Schuhspitzen. Die Budapester hatten offenbar auch schon bessere Tage gesehen.

»Als Koch?«, hakte er nach.

Von meinen Träumen, eines Tages Schauspieler, Autor oder Maler zu werden, erzählte ich ihm nichts. Nicht nur weil ich mich sorgte, er würde meine Bewerbung damit nicht mehr ernst nehmen – auch weil ich ahnte, dass er mich für einen Spinner halten würde. Über Kontakte in München war ich auf das Schlosshotel im Grunewald gekommen. Im Grunde war die Ausbildung zum Koch ja ein Mittel zum Zweck: Ich wollte raus aus München und die Welt kennenlernen, und Berlin schien mir ein guter Anfangspunkt. Ich brauchte ein Dach über dem Kopf und wollte Geld verdienen, um endlich mein eigenes Ding machen zu können.

Der Hotelbesitzer schaute mich lange an. »Soso«, sagte er dann.

Damit war alles gesagt. Ich bekam den Ausbildungsplatz und obendrein ein Zimmer. Es war die Zimmernummer 36, eine kleine Besenkammer unter dem Dach dieser riesigen Villa, groß genug für ein Bett und einen kleinen Schrank. Das Waschbecken befand sich hinter der Tür, im Winter zog es wie Hechtsuppe, und im Sommer war die Luft so dick und staubig, dass man sie mit einem Messer hätte schneiden können.

Aber ich war glücklich. Ohne dass ich es vorher hätte wissen können, hatte ich mein Leben in die richtige Richtung dirigiert. Es war ein berauschendes Gefühl. Ich war frei! War einfach in die Welt losgezogen und hatte mein Schicksal selbst in die Hand genommen.

Das Kochen lag mir außerdem im Blut, ich konnte schnell in der Küche punkten. Auch mit der Gastronomie kannte ich mich schon ein wenig aus. Mein Großvater hatte mir die legendäre »Harry's Bar« in Venedig gezeigt, und ich war großer Fan der Barkultur. Ich lernte viel und schnell – ob hinter dem Herd oder am Zapfhahn. Und ich konnte mir immer besser vorstellen, in der Zukunft im Gastgewerbe zu arbeiten. Weil ich neben der Ausbildung und bei den für die Gastronomie typischen Arbeitszeiten wenig Zeit für anderes hatte, geriet mein eigentlicher Wunsch, Schauspieler zu werden, nach und nach in Vergessenheit. Erst mit der Zeit spürte ich, dass mir etwas fehlte. Das Gefühl, auf einer Bühne zu stehen und in andere Rollen zu schlüpfen, Texte zu verfassen, Geschichten zu erzählen. All das ist ein Teil von mir, doch während meiner Ausbildung gab es zu wenige Möglichkeiten, diesen Teil auszuleben – auch wenn ich verdammt viel für das Leben lernte.

Immerhin in der Stadt war ich goldrichtig. So groß und hektisch Berlin auch war, so aufregend fand ich alles. Die Stadt schläft nie, vierundzwanzig Stunden lang fährt ein Bus. Ende der 1980er-Jahre war Berlin, oder besser Westberlin, ein wildes Pflaster. Es war ein guter Anfang, und ich konnte mich komplett neu erfinden. Alles war so groß und so geheimnisvoll. Quer durch die Stadt verlief die Mauer. Im Süden der Bundesrepublik, wo ich aufgewachsen war, bekam man von der Teilung des Landes ja so gut wie nichts mit. Ich wusste als Kind, es gibt ein zweites Deutschland, aber damit anfangen konnte ich nichts.

Doch nun war ich hier, mittendrin im Trubel. Tagsüber arbeitete ich im Hotel, doch sobald meine Schicht vorüber war, tourte ich mit dem Bus quer durch die Stadt, von Charlottenburg nach Zehlendorf, von Neukölln nach Tempelhof, und kam erst in den frühen Morgenstunden wieder. Ich liebte es, in den Cafés zu sitzen und meine neue Freiheit in dieser pulsierenden Metropole zu genießen. Jeder Atemzug der Stadt bringt Neues hervor. Ich atmete so tief ein, wie ich konnte, um den Geruch aufzusaugen, den Puls zu spüren und einzutauchen in diese rotzige, quirlige, lebendige Umgebung.

Vor allem die Nächte waren aufregend. In den Clubs, Bars und Diskotheken trafen die schrillsten und ungewöhnlichsten Charaktere aufeinander. Berlin hatte zur damaligen Zeit eine ganz eigene, einzigartige Atmosphäre zwischen Aufbruch, Anarchie und Offenheit. Manchmal kam mir die Stimmung der Leute, denen ich begegnete, vor, als würden sie den letzten Tag ihres Lebens mit einem rauschenden Fest feiern. Die Musik war teilweise sehr melancholisch, doch die Nachtschwärmer waren glücklich, wenn sie sich zu den Klängen von David Bowie, Depeche Mode oder The Police in den dunklen Kaschemmen dicht an dicht drängten und die Nacht zum Tag machten. In Berlin passiert so viel. Die Stadt ist im ständigen Wandel und erfindet sich jeden Tag neu, bis heute. Nach vielen Jahren, in denen ich an verschiedenen Orten Europas gelebt und unzählige Länder der Welt bereist habe, verschlug es mich vor einiger Zeit wieder in die Hauptstadt, wo meine Unabhängigkeit, meine kleine Revolution, ihren Anfang nahm. Was ich niemals gedacht hätte: Ich wohne heute dort, wo mein Vater aufwuchs, nur ein paar Straßen entfernt, in Köpenick.

Drei Jahre nach meiner Ankunft in Berlin war die Ausbildung vorbei. Ich war nun gelernter Koch – aber ich hatte keine Ahnung, ob ich in diesem Beruf mein Leben lang arbeiten wollte. Ich fühlte mich wohl in der Küche, war ein guter Teamplayer, und vielleicht, so dachte ich, würde ich mir eines Tages mein eigenes kleines Restaurant ermöglichen können. Aber war es das, was ich wollte? Dass ich in den vergangenen Jahren die Schauspielerei so gut wie an den Nagel gehängt hatte, nagte an mir. Was, wenn das in Wahrheit meine Berufung war? Wenn ich als Koch niemals wirklich glücklich werden würde? Gäbe es einen Weg zurück? Könnte ich dann an mein unausgebildetes Talent, meine Leidenschaft anknüpfen?

Ich gab mir selbst etwas Zeit und meldete mich über eine Schauspielagentur bei ein paar Castings an. *Das Glück werde ich einfach auf die Probe stellen*, sagte ich mir, und tatsächlich wurde ich in fast allen Castings in die nächste Runde gelassen. Das gab mir Auftrieb. Je häufiger ich wieder Texte vorbereitete, Szenen spielte, Charaktere mimte, desto eher fragte ich mich, ob es wirklich eine gute Idee war, mein Leben in einer Restaurantküche zu verbringen. Und warum sollte ich mich überhaupt für eine einzige Sache entscheiden? Ich konnte doch beides machen! Mir war außerdem bewusst, dass ich nie glücklich werden würde mit meiner Entscheidung, Koch zu werden, wenn ich es mit der Schauspielerei nicht zumindest versuchte. Obwohl ich erst einundzwanzig Jahre alt war, wusste ich, dass mein Name eine große Verantwortung bedeutete, in die ich erst noch hineinwachsen musste. Die Schuhe, die mir der Ruhm meines Vaters überlassen hatte, waren doch noch viel zu groß. Es gab so viele da draußen, die versuchten, mit ihren berühmten Vätern und Müttern mitzuhalten und in große Fußstapfen zu treten. Und allzu viele scheiterten daran. So wollte ich nicht werden, niemals. Nein, ich wollte mein eigenes Ding machen.

Deswegen kündigte ich im Schlosshotel im Grunewald und fuhr zurück nach München. Dann packte ich meine Siebensachen, kaufte ein Flugticket und sagte zu meiner Mutter: »Mama, ich habe eine Berufsausbildung abgeschlossen und werde für eine Weile weg sein.«

Sie sah mich aus großen Augen an. »Wo willst du denn hin?«

Es war das Jahr 1989. In der Cheopspyramide in Ägypten fanden Archäologen eine viertausendvierhundert Jahre alte Mumie. Steffi Graf und Boris Becker gewannen kurz nacheinander die Einzelwettbewerbe der Wimbledon Championships. Am 9. November fiel die Mauer. Und in meiner Tasche befand sich ein Flugticket nach New York.

KAPITEL 7

N40°44'10.2" W74°00'27.1"

NEW YORK, USA

Es gibt Momente im Leben, da weißt du sofort: Es war richtig. Für mich sind das immer die Augenblicke, die das Leben mir schenkt; Augenblicke, in denen ich weiß, hier passiert gerade etwas Großes. Genau so ging es mir mit meiner Entscheidung, nach New York zu gehen.

Bis auf mein Flugticket hatte ich mich um noch nicht besonders viel gekümmert. Ich wusste, dass ich mich am Uta Hagen Institute im HB Studio bewerben wollte, und hegte die Hoffnung, in der Stadt irgendeine Anstellung zu finden. Als Burger- oder Hotdog-Verkäufer, wenn es sein musste, oder als Tellerwäscher. Das HB Studio ist legendär, die größten Schauspieler aller Zeiten, Robert De Niro, Marilyn Monroe und viele andere, sind dort ein und aus gegangen. Ich hätte jeden Job übernommen, solange ich endlich wieder in die Welt hinauskam und ein neues Abenteuer erleben durfte.

Am Abend meines Abfluges in den Big Apple war ich in München in einer Bar. Ich kam mit einem jungen Amerikaner ins Gespräch, der mir erzählte, dass er Schauspieler und nach München gekommen sei, um einen Film zu drehen.

»Toll«, sagte ich und lud ihn auf einen Whiskey ein. »Schauspieler will ich auch werden. Morgen fliege ich nach New York! Ich möchte das HB Studio mit eigenen Augen sehen.«

Er sah mich mit einem Lächeln an. »Wirklich? Und wo wirst du wohnen?«

Ich zuckte mit den Schultern. »Das weiß ich noch nicht. Es wird sich schon etwas ergeben. Weißt du zufällig, wie ich an einen Job komme?«

Ein paar Gläser und zwei Stunden später bot er mir an, in seiner Wohnung unterzukommen, solange er in München beim Dreh war – denn unglaublicherweise lebte er selbst in der Stadt am Hudson River. Er fragte beim Barkeeper nach Zettel und Stift, schrieb mir seine Adresse auf und überreichte mir die Wohnungsschlüssel. Als Miete drückte ich ihm zweihundert Dollar in die Hand, die ich am Tag zuvor bei der Bank eingetauscht hatte, und fühlte mich wie der größte Glückspilz auf Erden.

Einen Tag später setzte das Flugzeug mit mir an Bord im Morgengrauen in New York auf dem Rollfeld auf. Ich stieg in ein Taxi, holte den Zettel aus meiner Tasche, den mir der nette Kollege am Vorabend gegeben hatte, und las dem dicken afroamerikanischen Taxifahrer die Adresse vor. Er drehte den Rückspiegel, bis er mir ins Gesicht sehen konnte, und fragte mich auf Englisch: »Bist du dir sicher, dass du da hinwillst?«

Ich musterte den Zettel in meiner Hand, als ob er mir irgendeine Erklärung liefern könnte. »Ja. Wieso?«

Der Taxifahrer legte den Kopf schief. »In die Gegend fahre ich eigentlich nicht.«

Ich wurde nervös. »Aber dort ist die Wohnung, in der ich in den nächsten Wochen unterkomme.«

Er schnaufte. »Such dir lieber was anderes, Buddy. Das ist keine gute Neighborhood.«

Ach, dachte ich. *Was soll denn schon passieren? Komme ich halt nicht in der besten Ecke der Stadt unter. Na und?*

»Es muss sein«, sagte ich ruhig. »Es gibt keinen Plan B.« Außerdem steckte mir der Jetlag in den Gliedern, ich wollte endlich schlafen.

Der Fahrer schaltete das Taxameter ein und sagte: »Also gut, für dich mache ich eine Ausnahme. Aber sag später nicht, ich hätte dich nicht gewarnt.«

Er brachte mich nach Harlem. Das ist ein Stadtteil New Yorks auf der Halbinsel von Manhattan, in dem, wie ich nun sah, hauptsächlich Afroamerikaner lebten. Heute ist der Stadtteil genauso gentrifiziert und begehrt wie die meisten anderen Viertel der Metropole, aber Ende der 1980er-Jahre ging es in Harlem ganz anders zu: Drogen, Prostitution, Waffen und Gewalt an jeder Ecke. Überall auf den Straßen lungerten breitschultrige, riesige Typen, gefährlich aussehende Rapper und Kerle in gigantischen Sakkos mit Schulterpolstern, so breit wie Türen, rum und schauten unserem Taxi hinterher, als wäre es eine Kolonne der englischen Königin. Je länger wir fuhren, desto düsterer wurde es auf den Gehwegen vor den riesigen, wunderschönen roten und gelben Sandsteinhäusern, an deren Fassaden die charakteristischen Feuerleitern befestigt waren, die man bis heute mit New York und Amerika in Verbindung bringt. Während wir tiefer und tiefer in den Bezirk eindrangen, erzählte mir mein Fahrer etwas über Harlem. Es wurde im sechzehnten Jahrhundert von niederländischen Pionieren gegründet, weshalb manche Straßenzüge mit ihren Treppenaufgängen und den niedrigen Türen ins Souterrain tatsächlich ein wenig an Amsterdam erinnern. Die Niederländer brachten einst eine Vielzahl von schwarzen Sklaven und Hausangestellten aus den afrikanischen Kolonien mit, was wiederum erklärt, warum Harlem bis heute als Viertel der Afroamerikaner gilt. Nach dem Zweiten Weltkrieg und den Rassenunruhen verließen die meisten Weißen Harlem, und der Bezirk verwahrloste zunehmend. Kliniken wurden geschlossen, der Drogenhandel erlebte seine Blütezeit, was dazu führte, dass es in den Straßen vor Dealern, Drogenabhängigen und Gangs bald nur so wimmelte. Die Stadt investierte nichts, selbst die Polizei machte einen großen Bogen um Harlem, das immer heruntergekommener und gefährlicher wurde.

Was um Himmels willen hatte ich hier zu suchen?

Wir fuhren in eine Sackgasse, und der Fahrer hielt das Taxi an. Mit einem misstrauischen Blick durch die Windschutzscheibe musterte er das baufällige Gebäude vor uns. »Viel Glück, Buddy. Lass dich nicht gleich erschießen.«

Ich bezahlte und stieg mit weichen Knien aus dem Wagen. Dann machte ich mich an meinen Aufstieg in den fünften Stock, wo sich die Wohnung befand. Als ich oben ankam, war ich schweißgebadet. Es gab keinen Aufzug, und es war August, draußen herrschten sicher achtunddreißig Grad. Ich schloss die Tür zur Wohnung auf, in der die Luft nur so stand, und sah mich um. Okay, es war nicht das »Ritz« – aber es war ein Anfang. Außerdem stimmte mich froh, dass ich die Wohnungstür mit drei Schlössern und Riegeln abschließen konnte und so zumindest ein kleines Gefühl von Sicherheit verspürte.

In den kommenden Tagen erkundete ich die Stadt und lernte nicht nur Manhattan, den Times Square, den weltberühmten Bahnhof, die Wall Street und die Freiheitsstatue kennen, sondern marschierte auch tapfer durch die Straßen meiner »Hood«. Allerdings nur bei Tageslicht, ich wollte mein Glück nicht überstrapazieren. Der einzige Grund, warum ich nicht sofort erschossen oder ausgeraubt wurde, war sicher, dass mich alle auf der Straße für total durchgeknallt hielten, weil ich den Mut hatte, als Weißer in Harlem rumzulaufen. Ich tat natürlich so, als wäre ich dort zu Hause und wüsste, wo ich hinwill, indem ich den Blick selbstbewusst nach vorn richtete und zielgerichtet über den Bordstein marschierte. Es fällt mir schwer zu beschreiben, welch große Angst ich die meiste Zeit über hatte. Nachts konnte ich nicht mal die Fenster aufmachen, denn vor dem Haus tummelten sich die Gangs, stahlen Autos und machten einen wahnsinnigen Lärm. Die Nächte waren um diese Jahreszeit so heiß, dass ich nicht schlafen konnte. Es war im

Grunde schrecklich. Und dennoch hatte ich das Gefühl, alles richtig gemacht zu haben.

Nur wenige Tage nach meiner Ankunft im Big Apple fand im HB Studio ein Tag der offenen Tür statt. Ich konnte mein Glück kaum fassen, ging hin und nahm an allem teil, was sie an Kursen und Seminaren anboten. In einer Klasse wurden die Teilnehmer auf Vorsprechen und Improvisation vorbereitet – ich machte mit und war mir sicher: Das ist genau mein Ding!

Meine Begeisterung und offensichtlich auch mein Talent blieben nicht unbemerkt, denn am Ende des Tages kam einer der Kursleiter auf mich zu und sagte: »Hey, ich habe dich heute ein wenig beobachtet. Hast du vielleicht Lust, hier an der Schule Schauspiel zu studieren?«

Ich glotzte ihn an wie eine dreibeinige Kuh, die mit einem Fahrrad auf dem Mond gelandet war. »Ich?«

»Ja, du machst das gut. Ich könnte dir bei den Vorbereitungen helfen.«

Mir klappte die Kinnlade herunter. Zuerst überließ mir ein Mensch, dem ich noch nie zuvor begegnet war, seine Wohnung in New York. Und nun kam ein Mann, den ich überhaupt nicht kannte, und wollte mir bei den Vorbereitungen auf die Aufnahmeprüfung an genau der Schule, auf die ich unbedingt gehen wollte, unter die Arme greifen? Was war hier bitte los?

»Es sei denn, du willst nicht«, fügte der Lehrer hinzu, der mein Zögern offenbar missverstand.

»Doch, doch, natürlich will ich. Unbedingt. Ich bin nur gerade etwas sprachlos.«

Und es gab noch andere Gedanken in meinem Kopf: *Wovon soll ich leben? Wie kann ich mir die Schauspielschule leisten, wenn sie mich nehmen? Und wo soll ich wohnen, wenn ich aus der Wohnung in Harlem rausmuss?*

Erstaunlicherweise hatte das Leben auf all meine Fragen eine Antwort. Denn ein Bekannter aus Deutschland vermittelte mir einige Jobs, die mir halfen, über die Runden zu kommen. Bei meinem Vorstellungstermin im HB Studio ging es nicht nur um einen Platz an der begehrten Schauspielschule, sondern um ein *free scholarship*, also ein Stipendium, das mich von allen Studiengebühren befreien würde. Ich konnte mein Glück kaum fassen, als ich die Zusage bekam. Sogar eine Unterkunft fand ich, auch wenn die noch schlimmer war als die Bude in Harlem: ein Zimmer in einem Loch im Greenwich Village für achthundert Dollar im Monat. Der Zustand der Wohnung war erbärmlich für die astronomisch hohe Miete, es roch fürchterlich, und eine Heizung gab es nicht, was zumindest die Nebenkosten niedrig hielt. Doch die Winter an der amerikanischen Ostküste sind bitterkalt, weswegen ich in den ganz schlimmen Nächten alles anzog, was ich hatte. Trotzdem pfiff der Wind durch die Wände, als wären sie aus Pappe.

Ich teilte mir das winzige Zimmer mit zwei anderen Jungs, und wir arbeiteten alle hart, um das Geld für das unfassbar teure Leben in der Stadt, die niemals schläft, zusammenzubekommen. Drei Jobs hatte ich mittlerweile, unter anderem in einem Burgerladen und an der Kinokasse, immerhin damit hatte ich ja schon Erfahrung. An manchen Tagen arbeitete ich sechzehn, achtzehn Stunden, zwei Schichten an verschiedenen Arbeitsstellen hintereinander. In den Staaten ist jeder Tag ein Kampf ums Überleben, wenn man nicht gerade zu den oberen Zehntausend gehört. Vor allem in New York. Die Einwohner der Stadt wissen das und schuften deshalb wie die Wahnsinnigen. Manchmal fragte ich mich, warum sie sich das antaten.

Niemals kam ich auf die Idee, meinen Vater um Unterstützung zu bitten, auch wenn er mir über seine Kontakte sicher hätte helfen können. Wir sprachen damals über meinen Plan, mich zum Schauspieler ausbilden zu lassen. Er sagte: »Du weißt, dass dieser Beruf nicht immer ein Zuckerschlecken ist. Aber wenn du genügend Willenskraft mitbekommen hast, wirst du es schaffen.«

Mir war bewusst, dass der Beruf viel erfordert, vor allem Einsatz und die Bereitschaft, alles dieser Leidenschaft unterzuordnen. Insofern war New York auch so etwas wie eine Prüfung für mich: War ich zäh und überzeugt genug, es als Schauspieler zu schaffen?

Ich arbeitete so hart wie noch nie zuvor in meinem Leben. Die Stunden im HB Studio und an der Schauspielschule waren unglaublich bereichernd. Ich lernte viel, auch wenn ich an manchen Tagen k. o. von meinem täglichen Überlebenskampf und den vielen Stunden am Burgergrill oder an der Kinokasse war. Doch jede Minute, die ich auf einer der Probebühnen oder in den Kursräumen verbrachte, in der ich spielte, Texte lernte und improvisierte, wurde ich mir sicherer, dass ich nur in diesem Beruf mein Glück finden würde. Das Theater hatte mir schon immer so viel bedeutet, und nun rückte der Traum, eines Tages auf der Bühne zu stehen, in greifbare Nähe. Ich, der zuweilen so wenig Engagement in der Schule gezeigt hatte, dass es meine Eltern in die Verzweiflung getrieben hatte, der durchs Leben mäandert war, von einer Blumenwiese zur nächsten flatterte – ausgerechnet ich hatte endlich etwas gefunden, was mich vollständig erfüllte.

Doch nach einem halben Jahr bekam ich das Geld für meinen Lebensunterhalt nicht mehr zusammen. Und sosehr ich mich auch bemühte, ich fand einfach keinen besser bezahlten anderen Job. Meine Zeit in New York ging schneller dem Ende zu, als ich es mir je hätte träumen lassen. Besonders schmerzte mich, das HB Studio zu verlassen, den Ort, an dem ich so viel gelernt hatte und an dem ich mir sicher geworden war, zukünftig als Schauspieler arbeiten zu wollen.

Ich war untröstlich, denn auch das lernt man in New York: In diesem Leben wird dir nichts geschenkt. Und manchmal reichen nicht einmal harte Arbeit und der unbedingte Wille, es zu schaffen, aus, um den Kopf über Wasser zu halten. Nur eines wusste ich mit Sicherheit: Nach Deutschland wollte ich noch lange nicht zurück.

Ich erzählte dem Choreografen der New Yorker Schauspielschule, dem berühmten Lester J. Wilson, von meiner Notlage. Er lebte die meiste Zeit des Jahres in L. A. und choreografierte Videos für Diana Ross und andere große Künstler der Musikbranche.

»Es sieht so aus, als ob ich wieder nach *good old Germany* zurückkehren und als Koch arbeiten müsste«, seufzte ich, nachdem ich ihm von meiner Situation berichtet hatte, »und meinen Traum, Schauspieler zu werden, begraben muss. Es war einfach zu schön, um wahr zu sein.«

Lester sah mich mit einer hochgezogenen Augenbraue an. »*What?* Du willst doch jetzt nicht etwa aufgeben.«

Ich blickte ihn ratlos an. »Was soll ich denn sonst tun?«

Er lachte. »Ich sag dir jetzt mal was. Du hast großes Talent, Hardy Kruger jr. Und wenn du auch nur ein bisschen Glück hast, wirst du eines Tages von dem Beruf leben können. Du darfst nicht einfach so aufgeben.«

»Leichter gesagt als getan«, murmelte ich.

»Das ist eine Hürde, und die kannst du nehmen. Glaub an dich und an deinen Traum«, redete er mir ins Gewissen. »Du wirst nie mit etwas anderem glücklich werden, wenn du es nicht wenigstens versucht hast.«

»Aber ich habe es doch schon versucht«, gab ich zu bedenken.

Lester lächelte. »Du hast angefangen. Aber du kannst den Weg erst gehen, wenn du gelernt hast, deine Beine zu bewegen.«

Ich atmete tief durch. Seine Motivationsrede bewirkte etwas in mir. Ich wollte das Schauspielern nicht aufgeben, und nach Deutschland wollte ich auch nicht. Ich fühlte mich wohl in Amerika. Hier hatte ich das Gefühl: Alles ist möglich, wenn du nur willst. In Deutschland musste ich erst beweisen, wer ich war und was ich konnte, und zwar bevor ich überhaupt eine Chance bekam.

Was also sollte ich als Nächstes tun? Wo konnte ich mein Glück versuchen? Doch nicht etwa in L. A.? Die Stadt war voll von grandiosen Schauspielern! Keiner wartete in Hollywood auf einen blonden Jungen wie mich. Das sah Lester jedoch anders. Ein Freund von ihm, Gary Halvorson, war seinerzeit Regisseur einiger erfolgreicher TV-Shows. Über ihn ergatterte ich einen Job am Set in den

Santa Monica Studios in L. A. Die Aufgaben waren überschaubar, ich bereitete Kaffee für die Stars der Show zu, brachte Requisiten von A nach B und sorgte für das Wohlergehen aller Beteiligten. Passenderweise schimpfte sich mein Job *go-for*, was im übertragenen Sinn so viel wie Mädchen für alles heißt. Das war mir aber egal, denn ich war in einem Studio, bekam unglaublich viel von der Produktion mit, und wenn manchmal eine kleine Nebenrolle besetzt werden sollte, sprach sich Gary dafür aus, dass der *German dude* die Rolle spielen durfte. Das waren natürlich die besten Momente für mich: Endlich vor der Kamera stehen! Allerdings stieß ich bald schon auf ein neues Problem: meinen deutschen Akzent. Den bekam ich jedoch mithilfe eines Sprachtrainers in den Griff – das war wichtig, ansonsten hätte ich vermutlich bis ans Ende meiner Tage deutsche, meist humorlose Bösewichte gespielt. Darauf sind die Deutschen in Hollywood nämlich gepachtet.

Manchmal wenn ich einen halben Tag freihatte, schlenderte ich durch L. A. Es ist eine faszinierende Stadt, ganz anders als New York. Zunächst einmal gibt es viel weniger Hochhäuser als im Big Apple, man nennt die Stadt deshalb auch *horizontal city*. Während man in New York für Geld beinahe alles tut, sind viele Kalifornier verrückt nach Sport und Schönheit. Am kilometerlangen Venice Beach gibt es enorm viele Outdoor-Fitnessstudios, den lieben langen Tag joggen, rollerbladen oder radeln Menschen in knappen Sportsachen an dir vorbei, alle essen permanent gesunde Sachen und halten sich in *shape*. Die Frauen sind wunderschön und freundlich, die Männer muskelbepackt und charismatisch – selten habe ich so viele attraktive Menschen auf einem Fleck gesehen. Das erhöht aber auch den Druck auf den Einzelnen, denn wenn man unentwegt von Schönheit und Fitness umgeben ist, fragt man sich zwangsläufig irgendwann: Wie sehe ich eigentlich aus?

Los Angeles, die *City of Stars*, ist riesig und erstreckt sich einundsiebzig Kilometer in Nord-Süd-Richtung und siebenundvierzig Kilometer in Ost-West-Richtung. Im Westen liegt der Pazifik, im Osten ragt eine Gebirgskette in den Himmel, auf der sich der berühmte Schriftzug befindet, den vor bald einhundert Jahren ein Immobilienmakler aufstellte, um das karge Land oberhalb von Downtown zu bevölkern. Das frühere *Hollywoodland* wurde schnell zum Symbol des florierenden Filmstandorts der Stadt – auch wenn es nicht für jeden eine gute Zukunft bereithielt. Im September 1932 stürzte sich eine Schauspielerin vom H hinunter, fiel vierzig Meter in die Tiefe und starb. Sie war am Broadway in New York erfolgreich gewesen, doch nach ihrem Umzug nach Los Angeles konnte sie im Filmgeschäft keinen Fuß fassen und nahm sich das Leben. Der Legende nach bekam sie wenige Tage nach ihrem Tod die Zusage für eine Hauptrolle. Ironischerweise sollte sie eine Frau spielen, die in den Suizid getrieben wird.[9]

Als ich diese Geschichte zum ersten Mal hörte, bekam ich Gänsehaut. Würde die Stadt der Engel für mich der Anfang einer Erfolgsstory werden? Vom Kaffeeträger zum Filmstar? Oder würde ich eines Tages kapitulieren wie die erfolglose Schauspielerin?

Zumindest meine Wohnsituation verbesserte sich um einhundert Prozent. Denn ich wohnte bei Gary und seiner Frau Jamila in ihrem Haus im Norden Hollywoods. Sie nahmen mich bei sich auf, als gehörte ich zur Familie – und ich war nicht der Einzige, der in den Genuss ihrer Gastfreundschaft kam. Das Haus war immer offen, die Leute gingen ein und aus, wie in einem Taubenschlag. Es passierte, dass ich mich in den Pool legte und dort Leute auf Luftmatratzen herumdümpelten, mit denen ich ins Gespräch kam.

»Und, was machst du so?«

»Na ja, ich wohne hier.«

»Ach, wirklich? Hey, ich bin Steve, schön, dich kennenzulernen. Und nettes Haus. Man sieht sich.«

Garys Frau Jamila war Afroamerikanerin, eine bildhübsche Tänzerin, die bereits in Musikvideos von Lester Wilson getanzt hatte. Und auch in einigen von Diana Ross, wobei Jamila stets behauptete, die Sängerin stelle sie immer in die letzte Reihe, da sie befürchte, dass Jamila ihr die Show stehle. Von Gary lernte ich viel über Film und Schnitt. Viele Abende saßen wir im Studio und arbeiteten an Filmen. An Schlaf war kaum zu denken, denn das Leben in L. A. war aufregend und anstrengend, aber auch faszinierend und überdimensional. Ich liebte das Leben in diesem Teil von Amerika, vor allem aber liebte ich die Menschen, mit denen ich mich umgeben durfte.

Ein paarmal fuhr ich auch zum berühmten *Walk of Fame* und schlenderte an den Sternen mit den berühmten Namen darauf vorbei. John Travolta, Marlon Brando, Walt Disney, aber auch einige Deutsche wie Marlene Dietrich, Fritz Lang oder Ernst Lubitsch haben bereits einen Stern bekommen, mittlerweile sind es mehr als zweitausendsechshundert Ehrungen,[10] die in die Gehwegplatten auf einer Länge von mehr als vier Kilometern eingelassen wurden.[11] *Vielleicht*, dachte ich damals, während ich in der flirrenden Hitze die Straße entlangschlenderte, *würde ich eines Tages ja auch einen bekommen.*

Doch dafür musste ich mehr tun, als Kaffee für Stars und Sternchen zu kochen und ab und an eine winzige Nebenrolle zu übernehmen. Ich hatte ein großes Ziel: die Aufnahme an der berühmten Schauspielschule von Lee Strasberg.

Tatsächlich bekam ich eines Tages meine Chance. Ich sprach bei einem offenen Casting der Schule vor. Durch meine Zeit in New York und die Arbeit in den Studios von Santa Monica fühlte ich mich nicht mehr wie ein blutjunger Anfänger, der noch grün hinter den Ohren war, und traute mir die Aufnahme zu. Beim ersten Mal wurde ich abgelehnt, doch die Worte Lester Wilsons waren immer noch in meinem Ohr: »Du darfst nicht einfach so aufgeben!«

Also blieb ich dran, bewarb mich gleich noch mal und wurde tatsächlich an einer der renommiertesten Schulen der Welt für darstellendes Spiel aufgenommen. Ich konnte es selbst kaum fassen. Ich war Schüler an der Strasberg-Schule! Konnte es noch besser kommen?

Aus heutiger Sicht ist mir bewusst, dass die Ausbildung nicht nur für den beruflichen Werdegang als Schauspieler, sondern vor allem für mich als Mensch wichtig war – genau wie das Internat vor vielen Jahren, wo ich vor allem mich selbst kennengelernt hatte. An der Schauspielschule waren wir dazu angehalten, uns mit uns selbst auseinanderzusetzen, hauptsächlich durch Reflexion und Beobachtung. Ich begriff, dass die Schauspielerei wie eine Reise ist, die niemals zu Ende geht, dass man als Darsteller immer aufmerksam bleiben muss, für die Welt um einen herum und sich selbst, wenn man nicht stagnieren will. Und dass man jeden Erfolg genießen sollte, denn er kann von kurzer Dauer sein. Eben noch wird man vom Leben getragen, und nur eine Minute später kann schon alles vorbei und man selbst im Sturzflug begriffen sein.

Genauso war es auch bei mir, denn das schöne, sonnige, perfekte Leben in Amerika kippte von einem Tag auf den anderen. Es war, als hätte plötzlich jemand den Schalter umgelegt. Meine Ausbildung war zu Ende, und mein Visum lief aus. Die Show, in der ich den Job gehabt hatte, wurde abgesetzt, Gary und Jamila beschlossen, L. A. zu verlassen. Kurz darauf ging ihre Ehe zu Bruch. Mein guter Freund Lester Wilson erkrankte an Aids und verstarb wenig später an den Folgen eines Herzinfarkts. Alles, was eben noch prall, farbenfroh und glänzend gewesen war, fiel in sich zusammen, wurde farblos und matt. Ich hatte in einer Welt gelebt, die ich mir selbst nicht hätte ausdenken können, die von Wärme und Sonnenschein, Freundschaft und Liebe, Wachstum und Selbsterkenntnis geprägt gewesen war. Und nun war alles vorbei. Einfach so, beinahe als hätte jemand den Filmscheinwerfer ausgeknipst. Und es blieb nichts als kalte Dunkelheit.

Ich würde Amerika verlassen müssen, das mir fast zur Heimat geworden war. Ein letztes Mal fuhr ich auf dem Highway No. 1 den Weg nach San Francisco und verabschiedete mich vom Land der unbegrenzten Möglichkeiten, des unglaublichen Ruhms und des unvorstellbaren Elends. Sah man vom Reisepass und meiner Schauspielausbildung ab, hatte ich wortwörtlich nichts in der Tasche.

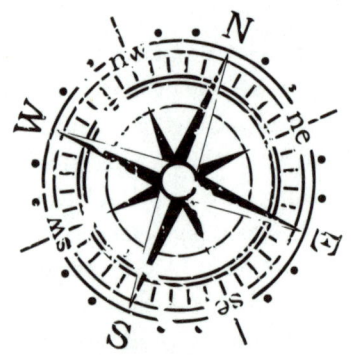

KAPITEL 8
N48°07'36.1" E11°34'40.1"
MÜNCHEN, DEUTSCHLAND

Es war Sommer, als ich mit meinen Siebensachen in München ankam, und ich hatte keinen roten Heller in der Tasche, weil meine mageren Ersparnisse für den Rückflug draufgegangen waren. Aber immerhin gab es ein paar Kontakte von früher, aus meiner Zeit in der Gastronomie. Dort wollte ich ansetzen.

Mein größtes Problem war jedoch, dass ich in den ersten zwei Wochen in München kein Dach über dem Kopf hatte. Viele Freundschaften waren in den vergangenen Jahren eingeschlafen. Natürlich hätte ich meine Mutter und meine Schwester um Obdach fragen können. Aber ich wollte ihnen nicht zur Last fallen. Außerdem war ich zu stolz, um wieder bei ihnen einzuziehen. Es ist mir wichtig, Dinge allein zu schaffen, ich bitte ungern um Hilfe. Davon abgesehen war das Wetter fantastisch, und ich mochte es schon immer, in der Nähe des Wassers zu sein. So beschloss ich, die ersten Nächte in der neuen Stadt in meinem Schlafsack an der Isar zu verbringen – unter der Reichenbachbrücke.

Mir ist bewusst, wie sich das anhört, wenn ich es heute erzähle, doch damals war es eine pragmatische Entscheidung und viel weniger schlimm, als es klingt. Ein bisschen wie Campen. Tatsächlich fühlte es sich nicht so an, als ob ich obdachlos sei. Wenn ich ehrlich bin, waren die sommerlichen Nächte am Fluss sogar besser als der eiskalte Winter in der heruntergekommenen Wohnung in New York.

Dort, unter der Brücke, lernte ich einige spannende Menschen kennen und begriff, dass selbst in unserem Land die Sicherheitsnetze Lücken haben. Von einem Moment auf den anderen kann alles anders sein. Nichts ist selbstverständlich. Doch was dir niemand wegnehmen kann, sind dein gutes Herz, dein Verstand und deine Hoffnung. Wenn du diese drei Dinge nicht verlierst, kommst du immer wieder auf die Füße. Das Fallen gehört zum Leben dazu, genau wie das Wiederaufstehen. Die einzige Regel lautet: Wenn du fällst, dann nach vorn, und zwar in jeder Situation, egal, wie schrecklich oder schön sie ist. So gehst du immer einen Schritt in die richtige Richtung.

Spreche ich heute über diese Phase in meinem Leben, werde ich manchmal gefragt, ob ich damals dachte, ich sei gescheitert. Aber das empfand ich nicht so, es war einfach ein weiterer Neuanfang. Scheitern gibt es bei mir nicht – nur die Chance, es beim nächsten Mal besser zu machen. Genau wie beim Film, wenn man eine Szene so lange dreht, bis sie im Kasten ist. Alles zurück auf Anfang! Von vorn beginnen gehört quasi zum Arbeitsalltag dazu.

Hinzu kommt: Ich kam vielleicht mit leeren Taschen, aber nicht mit leeren Händen zurück nach Deutschland. Immerhin hatte ich meine Schauspielausbildung abgeschlossen und begann gleich nach der Ankunft in meinem Heimatland mit dem Klinkenputzen, stellte mich bei allen Produktionsfirmen und Castingagenturen vor und lief in jedes Theater, das ich kannte. Aber immer hörte ich dasselbe: »Wer? Hardy Krüger? Ich wusste gar nicht, dass er einen Sohn hat.« Direkt gefolgt von: »Tut uns leid, aber wir haben nichts für dich.«

Mein Mantra dieser Tage war: Weitermachen, dranbleiben, nur nicht aufgeben!

Durch meine Kontakte aus alten Tagen fing ich in Iris Berbens Café »Wiener Platz« als Barmann an. Damit ging es auch mit allem anderen bergauf. Der Koch im »Wiener«, Eric, hatte gerade eine Wohnung ein paar Straßen weiter bezogen. Ein Zimmer war noch frei, und er bot es mir an. *Was bin ich doch für ein Glückspilz,* dachte ich wieder einmal.

Ich wusste zu diesem Zeitpunkt noch nicht, dass das Haus, in dem die Wohnung lag, sowohl von außen als auch von innen komplett saniert wurde. Es war eine einzige Baustelle mit Dixi-Klo im Innenhof. Die Wohnung war – das kannte ich ja mittlerweile – im fünften Stock ohne Aufzug, aber ich wollte nicht klagen, immerhin hatte mein bisheriges »Obdach«, die Reichenbachbrücke, zwar über jede Menge fließendes Wasser, aber über keine Tür verfügt, die ich hinter mir zumachen konnte. Ich freundete mich mit Eric an, arbeitete viel, ging zum Sport und fand bald eine kleine Theatergruppe, mit der ich mich zweimal die Woche traf. Hier und da bekam ich Vorsprechtermine für kleine Rollen. Ich kam wieder zurück in die Spur und dachte immer wieder an meine Zeit in den Staaten.

Die Jahre in New York und L. A. waren die schönsten meines Lebens gewesen. Niemals zuvor und nie wieder danach habe ich mich so frei, voller Träume und großer Ziele gefühlt. Für die Amerikaner war ich Hardy, der *German dude,* der aus einer Künstlerfamilie in *good old Germany* kam und dem sie große Chancen in Hollywood einräumten. Ich hatte Unterstützung und Hilfe an jeder Ecke bekommen, häufig von Menschen, die mich kaum oder gar nicht kannten, wie Lester oder Gary. Es war mir schwergefallen, das hinter zu mir lassen. Und obwohl ich es gewohnt war, von vorn anzufangen, trauerte ich meiner Zeit in Amerika hinterher. Das lag auch an meinem neuen Leben in München. In Deutschland ist die Mentalität sehr anders – ich erlitt regelrecht einen Kulturschock. Vieles ist furchtbar kompliziert, man denke nur an die ganzen Behördengänge und Ämter. In Amerika hätte man mir vermutlich gesagt: »*Just do your thing! Never give up.* Das Leben ist ein ewiges Auf und Ab.« Diesen Gedanken hatte ich mittlerweile ohnehin mehr als verinnerlicht.

Gut, momentan war ich eher auf einer Talfahrt. Denn niemand hatte auf mich gewartet, keiner interessierte sich für mich. Da war ich auf der renommiertesten Schauspielschule Amerikas gewesen, und in München krähte kein Hahn danach. Es war wirklich frustrierend.

Nach dem »Wiener Platz« wechselte ich ins Nachtleben, arbeitete in Bars, Diskotheken und Restaurants, denn ich war vielseitig einsetzbar als Barmann, Kellner oder Koch. Irgendwann landete ich im »BaBaLu«, einem Jazzkeller, der weit über die Stadtgrenzen hinaus bekannt war.

Von außen sah das »BaBaLu« unscheinbar aus. Den Eingang bildete eine Stahltür zwischen einer Eisdiele auf der einen und einem McDonald's auf der anderen Seite. Wenn man an dem Türsteher, der meistens auf einem Barhocker vor dem Eingang saß, vorbeikam, führte eine schmale Treppe in den Keller. Die Wände waren schwarz, man konnte kaum sehen, wo man hintrat. Am Ende der Treppe öffnete sich ein großer Raum mit einer riesigen Bar an der linken Seite und einer kleinen Bühne für die Auftritte gegenüber. Es gab keine Bilder an den Wänden, keine Deko, sah man von der gigantischen Spiegelwand hinter der Bar ab. Doch an der Bar gab es alles, was das Herz begehrte: Whiskey, Gin und Rum aus aller Welt.

Das »BaBaLu« wurde mein zweites Zuhause. Ich verbrachte dort so viel Zeit, dass ich mich heute manchmal frage, ob ich in diesem Jahr überhaupt Sonnenlicht sah – nur für die Theatergruppe nahm ich mir Zeit, ansonsten hatte ich de facto kein Privatleben. Im Prinzip hätte ich mir den Umzug in meine erste eigene Wohnung am Sendlinger Tor auch sparen können, denn ich war sowieso immer bei der Arbeit. Ich kam nur zum Schlafen in das winzige Apartment, dessen Küche so schmal war, dass man sich seitlich hineinschieben musste. Es wundert nicht, dass ich mir bei der Einrichtung nicht besonders viel Mühe gab, denn ich hatte sowieso nicht viel, zwei Koffer voller Bücher und Klamotten, eine Matratze auf dem Boden und ein altes Telefon.

Jeden Abend ging ich ins »BaBaLu« und bereitete die Bar vor. Bis zweiundzwanzig Uhr, wenn die ersten Gäste kamen, musste alles fertig sein für den Abend: die Säfte frisch gepresst, das Zuckerwasser angerichtet, die Vorräte aufgefüllt, die Früchte geschnitten. Ich liebte das *Mise en Place* und die ruhigen Stunden, bevor es im Club zur Sache ging.

Eines Abends stand kurz nach zehn plötzlich ein Mann vor mir. Er war Afroamerikaner, trug eine Instrumententasche um den Hals und stellte sich mir als Jack vor. Der Mann war von kleiner Statur und wirkte unglaublich nett. Wir kamen ins Plaudern und tranken ein paar Gläser Whiskey zusammen, und während wir da so am Reden waren, fiel mir plötzlich auf, wie ungezwungen und locker ich war. Ich konnte lachen, machte Witze – das war mir in den letzten Monaten verloren gegangen. Mir ging ein Licht auf in diesem Augenblick: Nicht nur vermisste ich das Leben in Amerika, ich vermisste vor allem mich selbst in Amerika, diesen humorvollen, optimistischen Typen, der sich von nichts unterkriegen ließ und die Aufschläge des Lebens einfach volley nahm, wenn sie kamen.

Du hast dich hier eingerichtet und bist wieder auf die Füße gekommen, aber in Deutschland kannst du einfach nicht du selbst sein, dachte ich. Bevor ich einen Raum betrat, war mein Name schon Programm. Keiner dachte daran, dass ich hart gearbeitet hatte, mein Leben selbst finanzierte und für das kämpfte, woran ich glaubte. Jeder ging davon aus, dass mir alles einfach in die Wiege gelegt worden war. Das war jedoch überhaupt nicht so. Ganz im Gegenteil. Ich musste viel härter und disziplinierter sein als die meisten anderen. Fehler oder Ausrutscher hätte man mir nicht verziehen. Ich fühlte mich häufig fremd in Deutschland, obwohl ich hier aufgewachsen war.

Deswegen konnte ich mir auch sehr gut vorstellen, wie Jack sich gerade fühlen musste, so ganz allein in diesem fremden, abweisenden Land. Ich bot ihm kurzerhand an, sein Gepäck aufzubewahren, damit er sich einen schönen Abend machen konnte. Ich verstaute es hinter der Bar und versicherte ihm, darauf aufzupassen.

Er sagte verblüfft: »Du bist der Erste seit meiner Ankunft, der mir von sich aus seine Hilfe anbietet. Ich danke dir.«

Die Nacht wurde legendär, denn wie es der Zufall wollte, kamen an diesem Abend einige der berühmtesten Jazzmusiker der damaligen Zeit in den Club und veranstalteten eine Jamsession. Ich war wie im Rausch, und zwar nicht nur wegen des Alkohols und der Drogen, die unentwegt die Runde machten, sondern weil ich mich plötzlich nicht mehr allein fühlte. Ich fasste neuen Lebensmut – auch wenn mir gar nicht bewusst gewesen war, dass ich ihn verloren hatte. Dieser Abend gab mir so viel, was ich schmerzlich vermisst hatte und mich zweifeln ließ. Ich wusste wieder, was ich konnte, was ich wollte, und dass es sich lohnte, dafür zu kämpfen. Egal, wer ich war, wie ich hieß oder wie oft mir davon abgeraten wurde, Schauspieler zu werden. Ich war nun einmal, wer ich war – ein Künstler, der sich ausdrücken wollte. Ich konnte nicht mein Leben lang anderen Menschen Drinks an der Bar servieren und ihren traurigen Geschichten zuhören. Ich wollte mein Leben nicht hinter dem Tresen verbringen. Das brachte meine Karriere nicht voran. Und war ich nicht deshalb vor Jahren nach Amerika gegangen? Um endlich Schauspieler zu werden? Es war beinahe wie bei *Und täglich grüßt das Murmeltier*: Schon wieder steckte ich in der Gastronomie fest, obwohl mein Herz doch eigentlich etwas anderes begehrte.

Ich habe das Nachtleben geliebt und mit allen Sinnen erfahren, denn ich bin ein Genussmensch. Leider wurde in meiner Münchner Zeit der Alkohol zu einem ständigen Begleiter. Kein Wunder, war ich doch die meiste Zeit von ihm umgeben. Ich trank mehr, als ich vertrug, aber wie heißt es so schön? Die Leber wächst mit ihren Aufgaben. Und erschreckenderweise gewöhnte ich mich ans Trinken.

Mein größtes Problem ist bis heute, dass ich das Leben so sehr liebe und genießen will, dass ich den Punkt nicht finde, an dem ich aufhören sollte. Ich bin anfällig für Süchte und werde schnell unvernünftig, wenn es Spaß macht. Dazu kommt das unstete Künstlerleben. Als Schauspieler musst du neugierig, ein bisschen verrückt und auf eine gewisse Weise auch selbstzerstörerisch sein, wenn du den Beruf mit Leidenschaft ausüben willst. Nicht umsonst gibt es so viele Kreative, die sich allzu oft dem Rausch hingeben, und nicht grundlos sind es oft die erfolgreichsten und genialsten Künstler, die verzweifelt, einsam und depressiv sind. Das soll auf keinen Fall eine Entschuldigung sein, warum man als Schauspieler, Musiker oder Maler zu Alkohol oder Drogen greift. Aber es kommt nicht von ungefähr, dass so viele aus meiner Zunft Schwierigkeiten haben, das richtige Maß zu finden – wortwörtlich.

Um meine Schauspielkarriere anzuschieben, entschied ich mich im ersten Schritt dazu, dem ständigen Leben bei Nacht Lebewohl zu sagen, und wechselte ins »VIVA«. Das war auch ein Club, doch ich arbeitete nur zwei Tage die Woche dort und verdiente gutes Geld. In der übrigen Zeit konzentrierte ich mich auf meine kleine Theatergruppe und die Castings.

Doch es ging nichts wirklich voran, und langsam, aber sicher fragte ich mich, ob ich Deutschland nicht erneut den Rücken kehren sollte. München kam mir plötzlich wie eine Kleinstadt vor, die Gesichter waren immer dieselben, der Rhythmus stets der gleiche, Tag für Tag, Woche für Woche, Monat für Monat. Ich lechzte nach Abwechslung und einem neuen Impuls.

Es war zu dieser Zeit, als ich drauf und dran war, wieder einmal meinen Koffer zu packen und Hals über Kopf davonzulaufen, als mir unter den Stammgästen im »VIVA« eine hübsche junge Frau auffiel. Sie hatte etwas Exotisches und wirkte zurückhaltend, was im extrovertierten München eine Seltenheit war. Die Frau kam fast jede Woche, und jedes Mal, wenn ich sie sah, wurde mein Wunsch größer, sie anzusprechen.

Leider bin ich bis heute unglaublich ungeschickt im Umgang mit Frauen. Ich weiß, es sieht in der Boulevardpresse oft anders aus, aber im Grunde bin ich immer noch der kleine blonde Junge vom Internat, der zu den Mädchen aufsieht, die sich aber kein Stück weit für ihn interessieren. Wenn ich eine Frau spannend oder anziehend finde und anfange, darüber nachzudenken, wie ich mich ihr nähern kann, ist der passende Moment meistens auch schon wieder vorbei. So war es auch zu der Zeit im »VIVA«. Im Laufe der Jahre hatte ich mich so daran gewöhnt, beim anderen Geschlecht das Falsche zu sagen, dass ich gar nicht mehr mitbekam, wenn es doch mal eine Verehrerin gab, die an der Theke saß und versuchte, mit mir zu flirten. Ich konzentrierte mich stattdessen auf die Zubereitung der Cocktails und übte im Geiste den Text für das nächste Vorsprechen. Das Münchner Nachtleben war ja nun auch nicht unbedingt der prädestinierte Ort, um die Frau fürs Leben zu finden.

Doch eines Tages nahm ich mir ein Herz. Es war in den frühen Morgenstunden, ich machte mich gerade auf den Weg nach Hause, und da war sie plötzlich. Ich nahm meinen Mut zusammen, schrieb ihr meine Nummer auf einen Zettel und bat sie, mich anzurufen, wenn sie Lust auf einen Kaffee oder ein Essen habe. Heute weiß ich, dass es klüger gewesen wäre, nach ihrer Nummer zu fragen, denn so saß ich in den kommenden Tagen auf heißen Kohlen und wartete auf ihren Anruf. Ich wusste mittlerweile, dass sie Petra hieß und ursprünglich aus Jordanien kam, doch seit frühster Kindheit in Deutschland lebte. Petra ließ sich Zeit. Schlimmer noch, plötzlich kam sie auch nicht mehr ins »VIVA«. Ich dachte mir: *Toll, Krüger, du hast es vermasselt. Das war's, du siehst sie nie wieder.*

Eine gute Woche nachdem ich den ersten Schritt gemacht hatte, klingelte eines Morgens das alte Telefon in meiner Wohnung, und Petra war dran. Wir verabredeten uns zum Essen und verbrachten anschließend die Nacht zusammen – allerdings ganz züchtig mit Reden und Spazierengehen, bis der Morgen dämmerte. Ich erfuhr von Petra, dass sie sich nichts sehnlicher wünschte, als München zu verlassen. Damit traf sie bei mir natürlich voll ins Schwarze. Zwei Herzen, die davon träumen, an einem anderen Ort ein neues Leben zu beginnen ...

Wir verliebten uns Hals über Kopf ineinander. Damit wir uns häufiger sehen konnten, nahm ich einen Job in einem Café an, um die Abende und Wochenenden mit Petra zu verbringen. Zuerst hatte ich Schwierigkeiten, mich in der »normalen« Welt zurechtzufinden, immerhin hatte ich eine beachtliche Zeit unter Tage verbracht und mehrere Nächte in der Woche durchgemacht. Doch mit der Zeit bemerkte ich, dass meine Energie zurückkehrte. Ich schlief nicht mehr dann, wenn alle anderen arbeiteten, sondern lebte nach demselben Rhythmus wie der Großteil der Bevölkerung. Im Café war es außerdem viel weniger stressig als in einem Nachtclub, die Gäste waren ruhig, die Atmosphäre entspannt – es gab ja auch viel weniger Alkohol.

Meine Mutter arbeitete mittlerweile in der ZAV, der Zentralen Künstlervermittlung, so etwas wie das Arbeitsamt für Schauspieler. Ich bemühte mich um die Aufnahme und ergatterte so tatsächlich mehr Vorsprechen, das war ein wahrer Segen. Ich bekam außerdem kleinere Rollen und war häufiger auf der Bühne zu sehen.

Und dann, an einem Dienstag, kam ein Anruf von der ZAV, der mein Leben veränderte. Ich hatte einen Termin bei Bernd Burgemeister, dem Chef von TV60, einer Münchner Filmproduktionsfirma. Es ging um eine neue Serie, für die die Besetzung gesucht wurde. Mein Chef im Café gab mir sofort frei, und ich sprang in die U-Bahn, die mich zur Münchner Freiheit brachte – was für ein Omen.

Erst als ich im Produktionsbüro ankam und mich bei der Sekretärin vorstellte, wurde mir bewusst, wie nervös ich war. Bernd Burgemeister war nicht irgendwer – ich hingegen schon. Man bat mich in sein Büro, das Herz schlug mir bis zum Hals. Würde ich endlich eine Chance bekommen? Den großen Namen meines Vaters abschütteln und mich beweisen dürfen? Meine eigenen Fußspuren hinterlassen, anstatt in denen eines anderen zu laufen?

Ich nahm vor dem großen Schreibtisch Burgemeisters Platz und schlug ein Bein über das andere. Natürlich wollte ich möglichst lässig und souverän, auf keinen Fall verzweifelt wirken.

»Du warst bei Lee Strasberg?«, eröffnete er das Gespräch, und ich erzählte ihm von meiner Ausbildung in Amerika. »Warum hast du hier noch keine Rollen bekommen?«

Ich lächelte unsicher. »Es liegt vielleicht auch am Namen. Auf Englisch sagt man, dass es nicht leicht ist, in den Schuhen eines anderen zu laufen.«

Der Produzent nickte. »Ich verstehe.« Dann sah er mir lange in die Augen. »Ich habe da eine Serie, die an der Nordsee spielt. Es gibt eine kleine Episodenrolle, die du übernehmen könntest.«

Am liebsten wäre ich vom Stuhl aufgesprungen und hätte den Mann umarmt. Ich konnte mich aber gerade noch beherrschen und nickte langsam.

»Wir drehen in zwei Wochen. Hast du Zeit?«

Ob ich Zeit hatte? Mein Gott, ich hatte Jahre auf so ein Angebot gewartet, natürlich hatte ich Zeit!

Ich gab mir Mühe, weiterhin cool zu bleiben, zuckte mit der Schulter und sagte: »Klar.«

»Wunderbar. Dann fährst du nach Sylt und triffst den Regisseur.«

Ich konnte es nicht glauben. Endlich eine Rolle! Burgemeister lachte, stand auf und gab mir die Hand. »Herzlichen Glückwunsch.«

Es war das Jahr 1993. Am 1. Januar teilte sich die Tschechoslowakei in zwei Staaten auf. Israel und der Heilige Stuhl beschlossen die Aufnahme diplomatischer Beziehungen. Deutschland bekam fünfstellige Postleitzahlen. Und ich meine erste Fernsehrolle.

KAPITEL 9

N54°18'46.4" E8°35'02.2"

ST. PETER-ORDING, DEUTSCHLAND

D as erste Mal vor der Kamera stehen. Das erste Mal das eigene Gesicht im Fernsehen erblicken. Ich weiß noch genau, wie ich mich fühlte, als Petra und ich am 9. Juli 1993 vor dem Fernseher saßen und die Episode »Wüstensöhne« der Serie *Sylter Geschichten* sahen, in der ich mitspielte.

Damit fing es an. Es war verrückt, einfach unglaublich. Endlich kam ich meinem Traum einen entscheidenden Schritt näher. Denn mit der Episodenrolle hatte ich mit einem Mal Zugang zu Produktionsfirmen und Besetzungsbüros, die für mich bis dahin so uneinnehmbar gewesen waren wie die Mauern von Mordor. Ich hatte auf meine Chance gewartet, ich hatte geliefert – und plötzlich wurde ich sichtbar. Ich merkte: Man braucht immer einen Türöffner, diesen einen Menschen, der dir vertraut und dir eine Möglichkeit gibt.

Nach den *Sylter Geschichten* wurde ich mehr und mehr für kleinere Rollen in TV-Produktionen angefragt, verdiente Geld damit und konnte bald schon den Job im Café aufgeben. Am Set saugte ich alles auf, was ich mitbekam, sprach mit Kollegen und versuchte, mich möglichst gut zu schlagen. Zwar spürte ich immer den hohen Erwartungsdruck, der mit meinem Namen nun einmal einhergeht, und die Kritiken fielen zum Teil nicht besonders gut aus. Doch diejenigen, auf die es ankam, waren mit mir zufrieden und empfahlen mich bei anderen Produktionen. »Schau dir mal den jungen Krüger an«, hieß es manchmal, »der hat was drauf.« So kam es, dass ich nach den *Sylter Geschichten* in der Serie *Nicht von schlechten Eltern* eine Nebenrolle übernahm und mein Gesicht immer häufiger über die Mattscheibe flimmerte. In der Serie mimte ich Pascal Neumann, einen rebellischen Jugendlichen, der seine Mitschüler terrorisiert, aber in Wirklichkeit eine Doppelrolle spielt.

Meine Karriere nahm Fahrt auf, und auch privat war ich endlich angekommen. Ich zog mit Petra in eine Altbauwohnung im Zentrum Münchens, denn mittlerweile war ich so gut gebucht, dass ich mich auch traute, etwas mehr Geld auszugeben. Dennoch lebten wir sparsam, denn München ist teuer, außerdem mussten wir in eine neue Küche investieren. Weil ich gerade drehfrei hatte, wollte ich mich selbst um den Einbau kümmern, fuhr an einem Morgen, als Petra zur Arbeit aufgebrochen war, zum schwedischen Möbelhaus und kaufte unsere Traumküche. Zu Hause baute ich die Schränke zusammen und zimmerte bis zum Abend. Das war gar nicht so leicht, denn in dem Raum gab es keine einzige gerade Wand, und ich musste unendlich viele Löcher bohren, bis die Dübel und Schrauben endlich die Oberschränke hielten. Nur Minuten bevor die Wohnungstür aufging und Petra müde von der Arbeit heimkehrte, wurde ich fertig und eilte in den Flur, um sie abzupassen.

Ich nahm sie an der Hand und sagte: »Schließ die Augen, ich habe eine Überraschung für dich.« Dann führte ich sie in die Küche. »Augen auf!«

Petra staunte nicht schlecht. »Das hast du alles heute gemacht?«

Ich nickte, nahm Petra in den Arm, und wir betrachteten stolz mein Werk. Allerdings währte mein Glück nur etwa zwanzig Sekunden lang.

Plötzlich war ein leises Knacken zu hören.

»Was war das?« Petra sah mich aus großen Augen an.

Einen Wimpernschlag später gab es einen lauten Knall, und alle Oberschränke fielen mitsamt dem Putz auf den Boden, wo sie in ihre Einzelteile auseinanderbrachen.

Petra schlug sich die Hand vor den Mund, dann fing sie an zu lachen und kriegte sich fast nicht mehr ein. Aber ich war traumatisiert und schwor mir, nie wieder eine IKEA-Küche in einem Altbau einzubauen.

Karrieretechnisch lief es glücklicherweise besser als mit dem Küchenaufbau. Ich erfuhr, dass der Autor, der die Drehbücher für *Nicht von schlechten Eltern* geschrieben hatte, an einer neuen Serie arbeitete. 1991 war der Film *Gefährliche Brandung* mit Patrick Swayze und Keanu Reeves in die Kinos gekommen und hatte einen regelrechten Surfhype weltweit ausgelöst. Und nun sollte eine deutsche Serie an der Nordsee gedreht werden, in der es ums Surfen ging. *Gegen den Wind* würde die Serie heißen. Ich wurde für eine der Hauptrollen vorgeschlagen und in die Bavaria Studios zum Casting eingeladen.

Bis heute bin ich jedes Mal ergriffen, wenn ich durch die Tore auf das Produktionsgelände laufe. Welche großartigen Filme dort schon gedreht wurden. *Die unendliche Geschichte*, *Das Boot* oder *Raumpatrouille Orion*. Jetzt war ich hier und sprach selbst für eine Serie vor. Blöd nur, dass ich noch nie in meinem Leben auf einem Surfbrett gestanden hatte.

Offensichtlich war das aber auch gar nicht notwendig. Denn keiner aus der Produktion hatte auch nur den blassesten Schimmer vom Surfen. Nicht der Produzent, nicht der Regisseur und auch nicht der Schauspieler, der für die andere männliche Hauptrolle vorsprach.

Man bat uns darum, eine Szene zu improvisieren – die allerdings so absurd und weltfremd war, dass man nur staunen konnte. Unsere Aufgabe war es, gemeinsam mit unseren Freundinnen auf den Brettern zu stehen und durch die Gegend zu surfen. Genau: zwei Menschen auf einem Surfbrett. Obwohl ich keine Ahnung von der Sportart hatte, war mir klar, dass das physikalisch nicht möglich war.

Mein Kollege fand die Situation genauso absurd, und so kam es, dass wir während der Szene in regelmäßigen Abständen in Lachen ausbrachen und schließlich »vom Brett fielen«. Unsere Darstellung war wirklich grauenhaft, aber allem Anschein nach genau das, was gesucht wurde. Denn am Ende des Tages hatten Ralf Bauer und ich eine Zusage. Ich flippte beinahe aus vor Freude.

»Wir bringen euch zu einer Insel in der Karibik und lassen euch erst zurück, wenn ihr surfen könnt«, verkündete der Produzent gut gelaunt. Ralf und ich sollten ins Surfcamp nach Venezuela fliegen, und man zeigte uns Bilder von einer traumhaften Insel mit glasklarem Wasser, unschuldsweißen Stränden und Palmen, die unter der Sonne im leichten Wind wippten.

Ich liebe Herausforderungen, wirklich. Als Schauspieler kann man immer etwas lernen und bekommt die Möglichkeit, Dinge zu machen, die man nie zuvor getan hat. Vor dem Surfen hatte ich auch keine Angst, das würde ich schon irgendwie hinbekommen.

Aber ich hatte erst vor wenigen Wochen Petra gefragt, ob sie meine Frau werden wolle. Und nun sollte ich für mehrere Wochen auf eine Insel vor Venezuela reisen? Es war Anfang der 1990er-Jahre, kaum einer hatte Handys. Heute ist die Welt durch die Digitalisierung ja zusammengeschrumpft, man kann über soziale Medien und Messengerdienste problemlos Kontakt miteinander halten. 1994 hatte ich aber noch nicht mal eine E-Mail-Adresse. Ich wollte die Rolle des unabhängigen Abenteurers Sven Westermann in *Gegen den Wind* unbedingt spielen. Aber durfte ich meine Verlobte so lange allein lassen?

Dieser innere Konflikt, den ich in diesem Moment verspürte, sollte sich in den kommenden Jahren häufiger wiederholen.

Vor einigen Jahren sagte mein Vater in einem Interview sinngemäß, dass er sich an einem bestimmten Punkt in seinem Leben für die Karriere und nicht für die Familie entschieden habe.[12] Heute weiß ich, was er damit meinte, und ich weiß auch, wie schwer das Gewicht dieser Entscheidung sein kann. Der Beruf des Schauspielers bringt aber nun einmal mit sich, dass man die Stadt, oft sogar das Land verlassen muss, wenn man in Produktionen oder auf der Bühne mitspielen möchte.

Auch ich musste mich entscheiden. Ein Filmdreh dauert sechs, manchmal auch acht Wochen, doch eine TV-Serie wird über mehrere Monate produziert. Viel Zeit, in der ich meine Freundin nicht sehen würde. Ich ahnte damals bereits, dass mein Beruf und die damit verbundenen Abwesenheiten von zu Hause eines Tages zu Problemen führen würden. Doch noch war ich jung und ahnungslos. Ich malte mir aus, wie Petra mich zukünftig auf meinen Reisen begleiten würde, und konnte mir nicht vorstellen, dass es nicht gelingen würde. Wir waren jung, wir waren verliebt – was sollte uns im Weg stehen?

Gleich nach meiner Rückkehr aus Venezuela machte ich mein Versprechen wahr und organisierte unsere Hochzeit in meiner Heimatstadt Lugano. Wir heirateten auf einer großen *piazza* und luden alle ein, die wir kannten, Freunde, Familie und sogar einige Geschäftspartner und Kollegen vom Film. Es gab vorab unendlich viel zu organisieren, und bis zum Hochzeitstag ging auch alles gut.

Allerdings hatte ich durch die Hektik und den Stress ziemlich abgenommen, und die Hose zu meinem Hochzeitsanzug drohte mir vom Hintern zu rutschen. Auf dem Weg zur *piazza* wollte ich mir also schnell noch einen Gürtel kaufen, denn ich wollte unter keinen Umständen riskieren, meine Zukünftige in Boxershorts zu heiraten. Und es gab noch so vieles zu tun! Ich musste den Hochzeitswagen abholen und meine Braut aus dem Hotel auf die *piazza* bringen.

Es war das erste Mal seit meiner Kindheit, dass ich auch wieder mit der Presse zu tun bekam. In Deutschland war ich mittlerweile leidlich bekannt, die Exklusivrechte für die Hochzeitsfotos hatten wir an ein Magazin verkauft. So kam es, dass ich auf meinem hektischen Weg durch die Luganer Innenstadt von einem Mann verfolgt wurde. Ich drehte mich immer wieder um, lief schneller, doch er war mir auf den Fersen. Nach einer Weile hatte er mich eingeholt und zog mich in eine Seitengasse.

»Was wollen Sie? Wer sind Sie?«, fragte ich empört und erkannte gleich darauf, dass es sich um den Fotografen handelte, der unsere Hochzeitsstory für das Magazin fotografieren wollte.

»Wir haben ein Problem«, raunte er mir zu. »Irgendwie haben einige Kollegen mitbekommen, dass ihr heute heiraten wollt. Auf der *piazza* wimmelt es von Paparazzi.«

»Wie bitte?« Ich konnte es nicht glauben. Ich war doch hier nicht bekannt oder prominent – niemand, für den es sich lohnte, ihm irgendwo in Lugano auf einem Platz aufzulauern.

»Ich sage dir, wie es ist«, erklärte mir der Fotograf. »Wenn euch einer der anderen zuerst abschießt, platzt der Deal.«

Wir überlegten kurz hin und her, dann schmiedeten wir einen Plan, und ich raste zurück ins Hotel und erledigte, was noch zu tun war.

Kurze Zeit später fuhr der prächtig geschmückte Wagen mit dem Hochzeitspaar auf der *piazza* vor. Die Fotografen sprangen aus ihren Verstecken und positionierten sich direkt vor dem Auto. Die hintere Tür wurde aufgestoßen, und das Brautpaar stieg aus dem Fond. Sofort ging das Blitzlichtgewitter los, die Paparazzi schossen ein Foto ums andere, und das Brautpaar winkte lächelnd in die Kameras. In der Zwischenzeit hatten sich nicht nur all unsere Hochzeitsgäste, sondern auch jede Menge Touristen auf der *piazza* eingefunden, es war ein ziemliches Gerangel, denn jeder wollte wissen, für welches Paar da so ein großer Aufwand betrieben wurde. Erst nach einer Weile rief einer der Paparazzi: »Moment! Das ist nicht der Krüger!«

Absolut richtig. Der Krüger war in diesem Moment nämlich am Hintereingang des Standesamtes angekommen, unbemerkt und zivil in einem Taxi. Petra und ich sprangen aus dem Wagen und betraten das Standesamt, dann gaben wir unseren Gästen das verabredete Zeichen, und sie kamen herein, genau wie der einzige

Fotograf der Presse, den wir tatsächlich auf unserer Hochzeit haben wollten. Wir freuten uns, dass unsere List geglückt war, zogen mit der Aktion jedoch den Unmut einiger Paparazzi auf uns. Aber was soll ich sagen? Sie waren nun einmal nicht eingeladen.

Nach der Hochzeit in Lugano flogen Petra und ich in die Flitterwochen, und kaum dass wir zurückkamen, brach ich nach St. Peter-Ording auf, denn die Dreharbeiten von *Gegen den Wind* begannen. Mein Mercedes-Kombi war voll bis unters Dach, als ich mich mit gemischten Gefühlen hinters Steuer setzte. Neunhundert Kilometer lagen vor mir, und mein Kopf war voller Gedanken. Nach den vielen verrückten Jahren, die ich als Weltenbummler aus dem Koffer gelebt hatte, nahm mein Leben nun endlich Gestalt an. Ich hatte eine Hauptrolle in einer Fernsehserie, und eigentlich hätte ich doch schreien müssen vor Glück. Stattdessen war mir eher zum Weinen zumute. Immer wieder geisterte ein Satz durch meine Gedanken, den mir einmal ein Bekannter aus den Staaten zugeraunt hatte: »Pass auf, was du dir wünschst. Es könnte in Erfüllung gehen.«

Viele Wochen lang hatte ich mir ausgemalt, wie es sich anfühlen würde, endlich ins Auto zu steigen und an die Nordsee zu fahren, nach St. Peter-Ording, dem Hotspot der Surferszene und Drehort der neuen Kultserie *Gegen den Wind*. Ich hatte mir vorgestellt, wie ich als Hardy Krüger jr. losfahren und einige Stunden später als Sven Westermann ankommen würde. Und das war längst nicht alles: Im Herbst, wenn das Wetter zu schlecht für die Aufnahmen werden würde, würde ich Theater spielen, denn ich war für eine Tournee gebucht worden. Eine richtige Tournee mit allem Drum und Dran! All die Jahre, in denen ich gebuckelt hatte – endlich zahlten sie sich aus.

Doch plötzlich war alles anders. Mit jedem Kilometer, den ich mich von München entfernte, fühlte ich mich elender. Für mehrere Wochen würde ich nicht zu Hause sein. Es war der falscheste Zeitpunkt, den ich mir vorstellen konnte.

Denn Petra war schwanger. Ich würde Vater werden! Ein unglaubliches Gefühl der Verantwortung und des Stolzes machten sich seit der Neuigkeit in mir breit. Aber ich fuhr weg von meiner Frau und meinem ungeborenen Kind, und mich quälte das schlechte Gewissen, weil ich sie mit der Schwangerschaft allein ließ.

Was auch immer ich mir unter St. Peter-Ording vorgestellt hatte: Die Realität hatte nichts mit diesem Traumbild zu tun. Keiner hatte mir gesagt, dass »SPO« nicht etwa der coolste Surfspot in Deutschland, sondern ein verschlafener Kurort mit dem Charme eines Tages der offenen Tür im Altersheim war, zumindest zu dieser Zeit, Mitte der 1990er. Der Strand war wunderschön und weitläufig und wurde von Strandhäusern geschmückt – aber das Durchschnittsalter im Ort lag bei 65. Die Innenstadt bestand im Grunde aus nichts als Souvenirläden, Backstuben und Hörgeräteherstellern, sogar das Kurhaus war seit der Erbauung in den 1950er-Jahren nicht mehr renoviert worden. Wer nach St. Peter-Ording kam, war in der Regel Kurgast oder machte seit so vielen Jahren hier Urlaub, dass er beinahe schon zum Inventar des Dorfes gehörte. Alles in SPO ging seinen gemächlichen, ruhigen Gang. Nach dem Frühstück marschierte man zum Strand, schloss »seinen« Strandkorb auf, den die meisten Feriengäste mit einer regelrechten Sandburg ummauert hatten, und verbrachte die Zeit bis zum ersten Fischbrötchen dort. Nachmittags gab es Kaffee und Kuchen, danach noch ein kleiner Spaziergang, um Punkt achtzehn Uhr ging man zum Abendessen. Und das alles jeden Tag – wie schon seit zwanzig Jahren.

Aber nun kamen diese verrückten Filmleute und brachten alles durcheinander. Plötzlich waren ganze Strandbereiche für mehrere Stunden abgesperrt, Beleuchter schleppten große Scheinwerfer und Sonnenreflektoren durch die Gegend, überall parkten die Wohnmobile von Maske und Kostüm, vor denen nach der ersten Staffel die schreienden Teenies campierten, um ein Autogramm von Ralf oder mir zu ergattern. Es wurde unruhig, hektisch und laut, und das gefiel naturgemäß nicht allen.

Auch für das Filmteam war die Arbeit herausfordernd, und zwar nicht wegen der betagten Urlaubsgäste, die uns nicht nur einmal durchs Bild latschten. Die Witterung machte es uns oft nicht leicht, uns auf die Arbeit zu konzentrieren: Wenn keine Ebbe war, war Flut, es regnete oft, die Wassertemperatur betrug selten mehr als dreizehn Grad, und entweder gab es so viel Wind, dass die Tontechniker verzweifelten, oder es wehte überhaupt kein Lüftchen, und die See lag da wie eine Pfütze. Regelmäßig versanken die Lastwagen unseres Teams im Sand oder im Wasser. Am Strand kam es andauernd vor, dass die FKK-Liebhaber unsere Filmaufnahmen crashten, was den einen oder anderen Kameramann beinahe um den Verstand brachte.

Davon abgesehen fühlte ich mich in der Serie sehr wohl, und St. Peter-Ording wurde mein zweites Zuhause. Ich liebte das Meer und den Strand. Zu Beginn der Dreharbeiten schliefen wir manchmal sogar in den Autos am Strand, doch mit zunehmender Bekanntheit der Serie ging das nicht mehr, weil uns die Fans bald schon vor den Autofenstern auflauerten. Diese meist jungen Leute läuteten im Ort eine neue Zeit ein, denn dank *Gegen den Wind* kamen immer mehr Zuschauer auf die Idee, dass man ja auch mal an der Nordsee Urlaub machen könne, anstatt nach Italien oder Griechenland zu fahren. Irgendwann war der Hype um uns so groß, dass wir uns in SPO gar nicht mehr normal bewegen konnten, ohne Geschrei und Gekreische auszulösen. Ralf kam damit gut klar, er nahm gern ein Bad in der Menge und unterhielt sich mit den vor allem weiblichen Fans. Mir wurde das Ganze jedoch schnell zu viel, und die Begeisterung der Anhänger nährte mein schlechtes Gewissen Petra gegenüber, die in München saß und darauf wartete, dass ich wieder nach Hause kam.

Anstatt nach München ging es aber noch weiter in die Welt hinaus. Mit der Serie drehten wir nicht nur an der Nordsee, sondern auch in Afrika und auf Hawaii. Während also *Gegen den Wind* zur Kultserie avancierte, kam mein Sohn Leon Daniel auf die Welt. Groß, rund und fröhlich, ganz der Papa. Wann immer es ging, packte ich

Petra und Leon ein und nahm sie mit zu den Dreharbeiten, genau wie mein Vater es vor bald dreißig Jahren mit meiner Mutter, Malaika und mir getan hatte. Eine neue Krüger-Karawane.

Ein halbes Jahr lebten wir an der Nordsee, dann zogen wir zurück nach Bayern. Im November fanden Theaterproben für die kommende Tournee statt. Dann kam Weihnachten, und schon war Papa wieder weg bis März, bis die Tournee vorbei war und die Dreharbeiten wieder anfingen.

Bei einer Theatertournee kann es leicht passieren, dass man am Morgen, wenn man im Hotelzimmer erwacht, nicht weiß, wo man ist. Auch die Bühnen und Theatersäle sehen ab einem gewissen Zeitpunkt alle gleich aus. Braunschweig, Bamberg, Baden-Baden … Es geht einmal quer durch die Republik, und alle zwei Tage heißt es wieder Koffer packen. Das ist neben der großartigen Aufregung, jeden Tag vor Hunderten von Zuschauern auf einer Bühne zu stehen, unglaublich anstrengend.

Einmal geschah es, dass wir mit der Tournee wieder einmal in einer neuen Stadt ankamen und ins Theater zur Lichtprobe gingen. »Ich glaube, hier war ich tatsächlich noch nie«, sagte ich zu meinen Kollegen, als wir für die Stellprobe auf die Bühne kletterten. In diesem Moment kam einer der dort angestellten Lichttechniker auf mich zu, breitete die Arme aus und rief: »Hardy, altes Haus, wie geht's?«

Wenn ich an den spielfreien Tagen für ein paar wenige Stunden nach München zu meiner Familie kam, war ich oft erschrocken, wie schnell mein Junge wuchs. Mir wurde jedes Mal schmerzlich bewusst, was ich alles verpasste, all die Entwicklungsschritte und Wachstumsschübe. Erschütternd. Uns blieben immer nur wenige Momente, die wir zusammen verbrachten. In dieser Zeit wollte ich natürlich alles aufholen, was ging. Wie oft dachte ich währenddessen an meine eigene Kindheit zurück, wenn mein Vater nach einem

Dreh nach Hause gekommen war und uns etwas mitgebracht hatte. Doch je erfolgreicher ich wurde, desto kürzer wurden die Auszeiten mit der Familie. Mein Leben bestand aus Presseterminen, Drehs, Proben und jeder Menge Reisen. Endlich war ich da, wo ich immer hatte sein wollen. Meine Karriere ging steil bergauf. Ich hatte einen tollen Sohn und eine wunderbare Frau. Meine Geldsorgen und das Leben von der Hand in den Mund waren endlich vorbei. Zum ersten Mal verfügte ich über ein wirklich angenehmes Polster auf dem Bankkonto. Ich war in der Lage, mir ein Haus am Stadtrand von München zu leisten, in das wir mit Sack und Pack zogen und in dem Petra und Leon Ruhe und genügend Platz fanden. Ich war sehr damit beschäftigt, dafür zu sorgen, dass es meiner Familie an nichts fehlte.

So sehr, dass ich nicht bemerkte, dass ich ihnen das Einzige vorenthielt, was sie wirklich begehrten: mich.

KAPITEL 10

S27°27'49.5" E153°02'08.5"

BRISBANE, AUSTRALIEN

Der Jumbo flog durch die Nacht. Sein Ziel: Brisbane, Australien. Fast sechzehntausend Kilometer entfernt von meiner Familie würde ich meine Füße auf den Boden eines faszinierenden Landes setzen. An der Nordostküste lag das Great Barrier Reef, das größte Korallenriff der Erde, im Herzen des Kontinents das Outback: eine Wüstenlandschaft mit manchmal blutrot schimmerndem Sand. *Down Under* ist wegen seiner wilden und giftigen Tiere ein gefährlicher Ort. Gleichzeitig strahlt der Kontinent eine Magie aus wie kein anderer Flecken auf der Erde. Die Aborigines pflegen ihre Traditionen und ihre Kultur, glauben an Übersinnliches, Geheimnisvolles, das Schicksal, Traumpfade, Götter und ihre Ahnen, die durch Bäume zu ihnen sprechen.

Die nächsten Monate würde ich hier am Filmset von *Traumzeit* stehen und getreu meiner Rolle in der Zeit zurückreisen. Denn die Geschichte des Films spielt um die Jahrhundertwende im australischen Busch und basiert auf dem gleichnamigen Roman von Barbara Wood, die in den 1990er- und 2000er-Jahren eine der Bestsellerautorinnen weltweit war. In dem zweiteiligen TV-Abenteuer rankt sich die Handlung um eine Frau, deren Angehörige auf mysteriöse Art und Weise ums Leben kommen. Der blonde Farmer Erik, den ich verkörpern sollte, hilft dieser Frau bei der Aufdeckung ihrer düsteren Familiengeheimnisse.

Mit schwerem Herzen blickte ich aus dem Fenster des Flugzeugs. Elftausend Meter lagen zwischen dem Flugzeug und diesem merkwürdigen blauen Planeten. Unter uns glitt die Landschaft vorüber, in Zeitlupe, wie es schien. Die Klimaanlage surrte leise, die meisten anderen Passagiere hatten die Lichter gelöscht und die Filme ausgemacht und versuchten, ein bisschen Schlaf abzubekommen.

Wieder hatte ich meine Familie in Deutschland gelassen. Doch dieses Mal fühlte es sich noch verkehrter an als sonst. Etwas war anders. Ich war verzweifelt und hilflos, weil ich keine Lösung fand, wie ich meinen Beruf mit meiner Familie vereinbaren konnte.

Mein Sohn Leon war mittlerweile fünf Jahre alt, und gerade war sein Bruder Noah auf die Welt gekommen. Vielleicht war es ein Stück Hoffnung, dass das Leben Petra und mich mit all den Höhen und Tiefen, die wir bis dahin schon überstanden hatten, wieder zusammenführte. Meine Jungs machten mich stolz und glücklich, und ich hatte versucht, meiner Frau abzunehmen, was ich konnte, solange ich zu Hause gewesen war. Diese wenigen Tage. Die kostbaren Stunden. Jede Sekunde, die ich in mir aufsaugte, damit ich sie nie wieder vergaß.

Umso erschreckender war es für mich zu erkennen, dass Petra und ich uns immer weiter voneinander entfernten. Wir hätten mehr Zeit für uns gebraucht, um uns wieder aneinander zu gewöhnen, viel mehr Zeit, die es nicht gab. Und so blieb es kalt und distanziert zwischen uns. Ich hatte mich in den Tagen daheim wie gelähmt gefühlt. Mir waren die Hände gebunden, was konnte ich schon tun? Alles abblasen? Meine Karriere an den Nagel hängen? War das wirklich die einzige Option? Nie zuvor hatte ich meinen Koffer so schnell gepackt wie am gestrigen Abend. Das Gefühl, nicht willkommen zu sein, nur auf Besuch vorbeizukommen, war allgegenwärtig und übermächtig.

Was war nur passiert? Uns hatte doch immer dieses besondere Band miteinander verbunden. Ich hatte keine Erklärung, wann es gerissen war und ich aufgehört hatte, Teil von Petras Leben zu sein. Wieder fielen mir ihre letzten Worte ein: »Vielleicht tut uns die Distanz ganz gut.«

Eine Stewardess kam vorbei und hatte eine Flasche Rotwein in der Hand. »Herr Krüger«, flüsterte sie, »diesen Wein haben Sie auf Ihrem letzten Flug getrunken. Wissen Sie noch?«

Nein, tat ich nicht. Aber es sagte viel über mein Leben aus, dass eine Flugbegleiterin sich an mich und meine alkoholischen Vorlieben erinnerte. Das bedeutete zum einen, dass ich zu viel Zeit in Flugzeugen verbrachte, und zum anderen, dass ich zu viel trank. Leider schon seit einer ganzen Weile, denn ich hatte viel zu früh damit angefangen. Meine Ausbildung in der Gastronomie, die verschiedenen Jobs im Nachtleben und mein Leben als erfolgreicher Newcomer waren nur drei Gründe für meine Maßlosigkeit.

»Soll ich Ihnen die Flasche hierlassen?«, wollte die Stewardess wissen. »Ich hab gleich eine Pause und möchte nicht, dass Sie durstig sind.«

Mir lag auf der Zunge: »Ich bin immer durstig.« Aber ich nickte nur lächelnd und nahm die Flasche entgegen.

Und dann erinnerte ich mich an den Flug, den die Stewardess angesprochen hatte. Es war nach den Dreharbeiten von *Nancy & Frank* gewesen, einem Film nach dem Roman *Hinter dem Horizont* von Hans Werner Kettenbach, der in New York spielte. Nachdem die letzte Klappe gefallen war, hatten die Crew und ich gebührend gefeiert und waren noch am selben Abend in den Flieger gestiegen, mit ordentlich Promille im Blut. Kurz nach dem Start kamen wir in starke Turbulenzen, denn über dem Atlantik tobte ein Sturm. Der Pilot war gezwungen, in Kanada zwischenzulanden und zu warten, bis das Unwetter vorübergezogen war. Wir tranken munter weiter, um uns die Zeit zu vertreiben, und machten die Nacht durch. Kein Wunder, dass sich die Flugbegleiterin an mich erinnerte.

Wieder kam mir Petras Abschiedssatz in den Sinn: »Vielleicht tut uns die Distanz ganz gut.« Hatte sie recht? Brauchten wir noch mehr Distanz zwischen uns? Ich wusste es selbst nicht. Die Gefühle in mir waren widersprüchlich. Die Verantwortung lastete zentnerschwer auf meinen Schultern, da ich, genau wie als Junge nach der Scheidung meiner Eltern, alles dafür tat, um mein Umfeld glücklich zu machen. Nur hatte ich mittlerweile keine Ahnung mehr, ob ich selbst überhaupt glücklich war. In diesem Moment im Flieger, mit einem Glas Rotwein in der Hand, fragte ich mich seit langer Zeit einmal wieder: *Wie geht es mir eigentlich? Bin ich glücklich? Ist das mein Lebensplan? Und was will ich wirklich? Wo will ich hin?*

Bevor ich Antworten auf die Fragen finden konnte, musste ich zunächst meine Aufgabe in Australien meistern. Kaum dass wir gelandet waren, machte ich mich zu einer Farm im Norden Brisbanes auf, wo ich das Leben eines australischen Farmers kennenlernen sollte. Ich erfuhr in den kommenden drei Wochen, wie man einen Sechsspänner fuhr, Kühe eintrieb und Schafe schor. Und ich fand heraus, dass die Australier so trinkfest sind, dass sie locker mit mir mithalten konnten.

Es dauerte keine zwei Tage, und ich war in meinem Element. Australien kam mir vor wie ein anderer Planet. John, der Gutsherr, bei dem ich »lernte«, war fünfundsiebzig, einen Kopf kleiner als ich und sehr schmal. Er hatte stahlblaue Augen und war ein Cowboy der alten Schule. Sein ganzes Leben hatte er auf dem Rücken eines Pferdes verbracht, seine Hände waren knochig und rau, doch sein Herz war aus Gold. Er und seine Söhne nahmen mich wie ein weiteres Familienmitglied auf, schonten mich in der Zeit bei ihnen allerdings nicht. Ich musste sogar mein Cow-Wrestling-Talent unter Beweis stellen. Dafür wurde ich in einen abgezäunten Bereich mit einer Herde Kühe gebracht und sollte mir eines der Tiere schnappen, es auf den Rücken werfen und ihm die Beine zusammenbinden. Während des Spektakels saßen John und seine Söhne auf dem Gatter, tranken Bier und lachten sich über mich schlapp.

© Schneider-Press/Alexander

Das offizielle Verlobungsbild. Alice und ich haben uns am 25. Januar 2018 verlobt.

© Elle Pouchet

Alice und ich 2019 am Strand von Fuerteventura.

Glückliche Kindheit in Starnberg.

Mit gutem Essen war
ich schon immer zu
begeistern ...

... genauso wie mit Autos, auch wenn es damals noch ein Tretauto war.

Calico Ghost Town. Der erste gemeinsame Urlaub mit meinem Vater.
Wir reisten durch Kalifornien und lernten das neue Zuhause meines
Vaters kennen. Da war ich zwölf Jahre alt.

© privat

Autos sind und bleiben immer eine große Leidenschaft.
Das war mein Oldtimer, in dem ich viele glückliche Stunden
verbracht hatte. Ein Lancia Flavia 1800 aus dem Jahr 1968.

Sport hat mich schon von klein
auf begleitet und ist ein wicht
Bestandteil meines Lebens –
es Radfahren ...

© privat

... oder Surfen. Hier bei den Dreharbeiten zu
Gegen den Wind in Hawaii 1995.

Auch das Reiten ist eine große Leidenschaft vo
mir. Hier bei den Dreharbeiten zur Serie *Forsth
Falkenau*.

© privat

…telier in Linz. Dort habe ich nach der Trennung
…einer zweiten Frau Katrin gelebt und gearbeitet.

© privat

Ich liebe es zu fotografieren. 2019 doku-
mentierte ich meine UNICEF-Kampagne
in Mosambik.

© Schneider-Press/Erwin Schneider

© privat

… dem Herd zu stehen, ist bei mir »Männersache«.
…urfte ich im Hotel »Der Lärchenhof« in Erpfendorf
… in einem Originaloutfit der AlpenHerz Trachten-
…aktur Kaiserschmarrn nach meinem eigenen
…t zubereiten.

Bei der Synchronisation zum Hörspiel-
Podcast »Seine Tochter« 2020.

Pressekonferenz zum Film *Asterix und Obelix gegen Caesar*.

Frühstück bei Tiffany. Tag eins des 182. Oktoberfests 2015.

Für UNICEF war ich 1999 in Laos als Berichterstatter und Autor unterwegs.

Bambi-Verleihung 2013.

Die Öffentlichkeit fordert von einem Schauspieler alles. Egal, wie schwierig dein Leben ist, du musst funktionieren. Salzburger Festspiele 2014.

Die Spuren der Zeit. Eröffnung eines italienischen Restaurants im Hotel de Rome in Berlin 2014.

In meinem Berliner Zuhause 2020 beim Schreiben. Ein Ort des Glücks und der Zufriede

Ich versuchte es mit einem Kalb, weil ich der Meinung war, dass ich es leichter zu Boden ringen könnte. Allerdings unterschätzte ich, wie schnell Kälber sind. Mit dem ausgewachsenen Bullen wollte ich es trotzdem nicht aufnehmen. Er bewegte sich zwar sehr viel langsamer, wusste jedoch in jedem Moment, was ich vorhatte. Dann senkte er, einen Angriff andeutend, den Kopf, präsentierte mir seine Hörner und scharrte mit einem seiner Hufe. Nach einer gefühlten Ewigkeit schaffte ich es schließlich, weder Kalb noch Bullen, aber zumindest eine Kuh einzufangen. Die Cowboys fielen vor Lachen beinahe vom Gatter, aber ich fühlte mich großartig.

Die Zeit in Australien werde ich niemals vergessen, denn das Leben auf der Farm ist anders als bei uns, geht seinen gemächlichen Gang, strahlt sehr viel Ruhe aus, ist einfach und dennoch erfüllt. Tagsüber trieben wir die Herden über das menschenleere Land, abends saßen wir am Lagerfeuer, erzählten uns Geschichten und schliefen unter dem endlosen Sternenhimmel. Ich lag im Schlafsack, während die anderen schnarchten, starrte in die Nacht hinaus und empfand ein Gefühl, das mir so fremd vorkam, dass ich es beinahe nicht erkannt hätte: Ich war glücklich, und zwar ohne dass ich etwas dafür tun musste. Das Gefühl war einfach da, ohne Gegenleistung. Ein flüchtiger kleiner Moment, der dennoch eine große Wirkung auf mich hatte. Denn mir wurde in diesem Augenblick im australischen Outback klar, dass ich in den letzten Jahren in meiner Partnerschaft nicht ich selbst gewesen war. Ich hatte eine Rolle gespielt, den verantwortungsvollen Vater und liebenden Ehemann gemimt und mich selbst und meine Gefühle immer hintangestellt. Kein Wunder, dass es mit Petra und mir zurzeit nicht klappte. Vermutlich erkannte sie mich gar nicht wieder, wenn ich von den Drehs nach Hause kam.

Tage später, meine Abreise zum Set stand unmittelbar bevor, saßen John und ich ein letztes Mal mit einem Bier auf seiner Veranda. »Ich werde dich sehr vermissen, Hardy«, sagte er plötzlich und legte mir seine raue Hand auf die Schulter. »So einen wie dich könnten wir hier gut gebrauchen.«

Wärme, Zuneigung und Dankbarkeit erfüllten mich, und ich musste den Kloß im Hals hinunterschlucken. Nachdem ich mich in München bei meiner Familie wie ein Fremder gefühlt hatte, lösten Johns Worte in mir mehr aus, als er sich vermutlich vorstellen konnte.

Er sah mich aus seinen blauen Augen an, die in diesem Moment bis auf den Grund meiner Seele zu blicken schienen. »Ich weiß zwar nicht, wie dein Leben auf der anderen Seite dieses Planeten aussieht. Aber ich habe das Gefühl, dass du etwas ändern musst.«

Ich nickte stumm. Wie recht er doch hatte.

Es sollte nicht die einzige Begegnung in Australien sein, die mir in Erinnerung blieb. Auch das Filmteam wuchs zu einer festen Gemeinschaft zusammen. Ich war traurig und beseelt zugleich, als die Zeit in Australien vorbei war. Fast drei Monate war ich weg gewesen und konnte es kaum erwarten, zu meinen Jungs und Petra zurückzukehren.

Mein Vater sagte einmal sinngemäß in einem Interview, dass seine Vergangenheit in der Familie nicht besonders glücklich gewesen sei. Er habe für sich festgestellt, dass die Schauspielerei und ein Familienleben wohl nicht gut zusammenpassten.[13] Endlich wusste ich, was er gemeint hatte. Denn ausgerechnet an meinem beruflichen Höhepunkt, als die Aufträge nur so hereinflatterten und ich alle drei Monate hätte den Kontinent wechseln können, war ich im Begriff, meine Familie zu verlieren. Eine Agentin sagte mal zu mir: »Wenn die Anfragen kommen, musst du springen. Springst du nicht, bist du raus.« Ich wollte springen, nichts wünschte ich mir sehnlicher.

Aber ich konnte nicht. Es war, als ob sich ein unsichtbares Seil um meine Knöchel geschlungen hatte, eine Kraft, die mich mit aller Macht zurück zu meiner Familie zog. Jederzeit und an jedem Ort. Gerade für einen Schauspieler ist es wichtig, dass er eine Chance wahrnimmt, wenn sie sich ihm zeigt. Man weiß nie, wie lange einen die Produzenten besetzen oder die Theatersäle voll sein werden, weil dein Name auf der Ankündigung steht. Erfolg ist nicht planbar und erst recht nicht selbstverständlich. Er ist vor allem mit sehr viel Arbeit verbunden und kann genauso schnell vorbei sein, wie er gekommen ist.

Das heißt nicht, dass man alles annehmen muss, was einem angeboten wird. Es ist wichtig, sich niemals überreden zu lassen, eine Rolle zu spielen, die man nicht spielen will. Und es ist schwer, Nein zu sagen, wenn man nicht weiß, wie man seine Miete bezahlen soll. Aber es ist genauso kompliziert, Ja zu sagen, wenn man das Gefühl hat, dass die eigene Karriere endlich ins Rollen gerät, man aber etwas anderes, sehr Kostbares dafür opfern muss.

Nach der Serie *Gegen den Wind* war ich nicht nur für zahlreiche deutsche Fernsehfilmproduktionen, sondern auch für internationale Filme angefragt worden, manchmal für Hauptrollen, für die ich mich eigentlich noch zu jung fühlte. Aber ich wollte nicht absagen. Unter keinen Umständen wollte ich riskieren, als prätentiös zu gelten. Also biss ich mich durch, wurde zum »Newcomer des Jahres«, man verlieh mir sogar den deutschen Bühnenpreis. Plötzlich stand ich in der ersten Reihe und hatte keine Ahnung, wie ich alles unter einen Hut kriegen sollte. Manchmal dachte ich: *Wäre ich allein, wäre es einfacher*. Aber um nichts in der Welt hätte ich mir vorstellen können, auf meine Familie zu verzichten. Im Gegenteil, ich wünschte mir immer sehr, Petra, Leon und Noah in diesen Stunden an meiner Seite zu haben.

Heute weiß ich mehr denn je, dass Erfolg einen Preis hat. Je mehr Menschen dich kennen, desto einsamer wird es um dich herum. Erfolg kostet Kraft, Geduld und Mut. Und er erfordert Verständnis von denen, die das Leben mit dir teilen.

Zu guter Letzt wollte ich mir selbst unbedingt beweisen, dass ich sowohl ein hingebungsvoller Schauspieler als auch ein lieber Vater und Ehemann sein konnte. Ich weigerte mich schlicht, mich zwischen Beruf und Familie entscheiden zu müssen.

Alles, was wir tun, hat Konsequenzen. Auch meine Entscheidung – oder besser gesagt Nichtentscheidung – zog eine Folge von Ereignissen nach sich. Denn ich lief wie ein Verrückter hin und her, versuchte, den Erwartungen meiner Frau, meiner Söhne, der Produzenten und meiner Freunde gerecht zu werden, und vergaß dabei vollkommen, dass ich vor allem eines bin: ein Mensch. Ich wünschte mir nichts mehr, als Zeit für meine Familie zu haben, doch so viele Leute hatten sich dafür eingesetzt, dass ich nach oben kam. Dafür war ich dankbar und glücklich – und ich fühlte mich verpflichtet, nun vollen Einsatz zu zeigen.

Ich hetzte von einem Set zum nächsten, lernte die Texte im Flieger auswendig und kämpfte gegen den Jetlag. Die Tage vergingen wie Sekunden, ich tauchte ein in eine Produktion, meine »Familie auf Zeit«, lieferte ab, und wenn die Szene im Kasten war, hastete ich zum Telefon, um bei Petra anzurufen. Doch das schlechte Gewissen plagte mich, sobald ich wieder aufgelegt hatte. Es gelang mir nicht einmal, meine Gedanken zu Ende zu bringen, denn schon rief ein Set-Aufnahmeleiter: »*Ready to shoot, Mr Kruger on set, please!*« Mit dem Zufallen der Filmklappe begann die nächste Szene, und alle Gefühle, die ich mit meiner Familie verband, musste ich in den hintersten Winkel meines Herzens schieben. Alles verdrängen, was damit zu tun hatte, damit ich mich auf mein Spiel konzentrieren konnte.

Kaum war die letzte Szene im Kasten, ein Film abgedreht, musste ich meine Sachen packen und zu einem anderen Set aufbrechen. Wieder und wieder saß ich auf einem Stuhl mit meinem Namen, in der einen Hand einen Becher Kaffee, in der anderen das Skript, irgendwo in New York, in einem Pariser Studio oder am Berliner Ku'damm, und der Drahtseilakt meines Lebens begann von vorn.

Manchmal saß ich im Flieger, schaute in die Wolken hinunter und dachte: *Was für ein verrücktes Leben.* Ich verbrachte so viel Zeit in Fliegern und Flughafen-Lounges, dass ich manchmal gar nicht wusste, auf welchem Flughafen ich gelandet war, geschweige denn wo der nächste Flieger hinging. Mit etwas Glück nach Hause ... Dann schnappte ich mein Gepäck, packte die Geschenke für die Jungs auf den Koffer, sodass sie sie sofort sehen konnten, und eilte zum Ausgang, wo Menschen mit Namensschildern in den Händen standen und ihre Hälse nach den Rückkehrern reckten. Mit der Zeit passierte es immer häufiger, dass meine Frau mich nicht am Flughafen abholte. »Es tut mir leid, ich habe es nicht geschafft. Es war so viel zu tun.« Ich machte ihr nie einen Vorwurf. Sie konnte nicht alles stehen und liegen lassen, nur weil ich zurück nach München kam.

Die Geschwindigkeit, in der wir Schauspieler leben, ist für die meisten Menschen, die in anderen Berufen arbeiten, nicht nachvollziehbar. Es gibt keine richtigen Grenzen zwischen dem Beruflichen und dem Privaten, denn der Beruf des Schauspielers ist sein Leben, und das Leben ist sein Beruf. Es ist ein Fluch und ein Segen zugleich.

KAPITEL 11

N43°32'07.0" E7°02'13.8"
CANNES, FRANKREICH

Die Stille im Saal des ehrwürdigen Palais des Festivals et des Congrès, des an der Promenade de la Pantiero am Golfe de la Napoule gelegenen Theaters, in dessen Glasfassade sich die Wellen des Mittelmeers spiegelten, war nicht zu ertragen. Gerade war ein Film, in dem ich mitwirkte, bei den Internationalen Filmfestspielen zu Ende gegangen, und es war so leise, man hätte eine Stecknadel fallen hören. Ich dachte: *Klasse, das war's. Jetzt ist deine Karriere wirklich am Ende.* »*Think big! You're a star*«, hatte mir meine Agentin in L. A. immer gesagt. Ich wollte das nie so sehen. Denn im eigenen Land ist das so eine Sache mit dem Dasein als Star, besonders wenn man der Sohn eines international erfolgreichen Schauspielers ist. Mein Vater wurde im Ausland zum Filmhelden, noch bevor die eigenen Leute begriffen, was für ein Talent sie da vor sich hatten. Bei mir war es ehrlich gesagt ähnlich, wenn auch in bescheidenerem Ausmaß. Bis jetzt. Vermutlich würde *Stauffenberg* der letzte Film gewesen sein, den ich gedreht hatte.

Das Herz klopfte mir bis zum Hals. Niemand im Publikum gab auch nur einen Laut von sich, es war zum Fürchten. Sekunden wurden zu Stunden, und ich rutschte tiefer in den Sitz, während ich im Geiste bereits die Möglichkeiten abwägte, wie ich schnell und unauffällig aus dem Saal – am besten gleich aus dem Land – flüchten könnte, um mir in Ruhe Gedanken über meine Zukunft zu machen. Das mit der Schauspielerei war dann wohl gegessen.

Vor *Stauffenberg* hatte ich bereits in internationalen Produktionen mitgewirkt: *Asterix und Obelix gegen Caesar* 1999, *Le Cocu magnifique* im selben Jahr, *Dracula* und *Je reste*. So hatte ich den Tragicomix beim Kampf Galliens gegen Cäsar verkörpert, den paranoiden Liebesbriefschreiber Bruno mit so übermannender Verlustangst, dass diese sein ganzes Dorf zerstört, Jonathan Harker, dessen Einladung zu einem Grafen sich als Stelldichein mit einem Blutsauger entpuppt, und John, den Liebhaber einer Frau, die zehn Jahre lang die eigenen Bedürfnisse hinter die ihres Gatten stellt, der als viel beschäftigter Mann um die Welt reist und sie mit ihrem kleinen Sohn zurücklässt. Nun, in dem deutschen Historiendrama mit Traumbesetzung, das soeben über die Leinwand geflimmert war, hatte ich Werner von Haeften gemimt – einen Reserveoffizier, der an der russischen Front durch Soldaten Hitlers schwer verwundet wurde und sich deshalb dem Widerstand anschließt. Ich war endlich angekommen, wo ich immer hatte sein wollen – und jetzt schien der Film ausgerechnet bei den Filmfestspielen von Cannes baden zu gehen. Vielleicht würde ich zum Abschluss meiner Karriere noch einmal eine Serienrolle ergattern, mit etwas Glück im *Tatort* eine Nebenrolle, mit weniger Glück eine Leiche.

Ich schloss die Augen und ergab mich meinem Schicksal.

Was hatte ich nicht alles für meinen Lebenstraum geopfert. Nur ein Jahr nach Noahs Geburt hatten Petra und ich nun beschlossen, dass wir uns trennen würden. Immer mehr hatte ich gespürt, dass meine Abwesenheit Spuren hinterließ. Sie fühlte sich von mir alleingelassen. Manchmal sagte sie: »Du bist da draußen in deiner Welt, und das Leben läuft an mir vorbei.« Je mehr ich fort war, desto weiter entfernten wir uns voneinander. Nicht nur in der Distanz, vor allem im Gefühl füreinander. Unsere Ehe wurde kompliziert. Wenn ich zu Hause war, versuchte ich, Zeit für Erlebnisse, Abwechslung und Gemeinsamkeiten zu schaffen. Ich war damit beschäftigt, Papa zu sein, fragte zu wenig bei Petra nach, wie es ihr ging, und hörte viel zu häufig nicht richtig zu. Doch irgendwie machten wir weiter. Möglicherweise auch, weil sich lange Zeit keiner von uns eingestehen wollte, dass wir als Paar schon lange am Ende waren. Nun würden wir uns scheiden lassen. Nach mehr als zehn Jahren war unsere Liebe zerbrochen. Und warum? Wegen meines Berufs? Weil ich einfach noch keinen Weg gefunden hatte, meine ständigen Abwesenheiten zu kompensieren? Meine Söhne waren die meiste Zeit ihres Lebens ohne Vater aufgewachsen – genau wie ich. Und das, obwohl ich mir immer vorgenommen hatte, es eines Tages anders zu machen.

Wenn mir nicht zum Weinen gewesen wäre, hätte ich in dieser jeden Atemzug lähmenden Stille vielleicht sogar gelacht. Da saß ich also im Festspielsaal von Cannes vor den Trümmern meiner Ehe und den Überresten meiner Karriere.

Plötzlich zerriss ein Geräusch die unheimliche Stille. Ein Klatschen. Ich drehte den Kopf und sah nach hinten. Ein einzelner Herr in einem schicken Anzug war aufgestanden und klatschte rhythmisch in die Hände.

Wow, dachte ich, *was für ein mutiger Mann.*

Dann passierte etwas, das ich in meinem ganzen Leben nie vergessen werde: Langsam erhob sich der ganze Saal. Bravorufe ertönten. *»Magnifique!«* Das Klatschen wurde lauter, es war eine Stimmung wie im Theater, stehende Ovationen. Was für ein Gefühl. Was für ein Moment!

Ich zitterte am ganzen Körper. Der Kollege, der neben mir saß und genauso angespannt wie ich auf die Reaktionen gewartet hatte, fiel mir in die Arme. Jo Baier, den Regisseur, hatte ich während der ganzen Dreharbeiten nicht so lachen gesehen wie jetzt. Er hatte diesen Film unbedingt machen wollen und heftigen Gegenwind bekommen. Beim Dreh hatte er uns alles abverlangt. Und da waren wir nun, im Festsaal der Internationalen Filmfestspiele in Cannes, der bis zum letzten Platz gefüllt war. Ich hätte mir gewünscht, die Zeit anzuhalten, auf Stopp zu drücken. Die Freude war so unbeschreiblich, dass ich mir sagte: *Das ist nicht nur wie ein Traum, das ist sogar noch besser!* So lange hatte ich darauf gehofft, eines Tages die Rolle angeboten zu bekommen, von der ich immer geträumt hatte, die alles aus mir herausholte, in die ich mich fallen lassen konnte. Ich war mir sicher, dass ich mit dieser Rolle fortan in der Lage sein würde, mein volles Potenzial auszuschöpfen und es allen zu zeigen. Jetzt wurde ich noch einmal auf einer ganz anderen Ebene sichtbar.

In den kommenden Tagen kam ich mir vor wie ein Star. Ein Pressetermin jagte den nächsten, die Medien hofierten mich. Journalisten und Fotografen zeigten Respekt vor unserer Leistung, die Interviews fanden an Orten statt, die ich sonst nur aus Filmen kannte: Restaurants mit Blick auf den Hafen, der Geruch von Salzwasser lag in der Luft, die Sonne brachte das Meer zum Glitzern. Es hätte gern immer so weitergehen können. Endlich wurden mir interessierte Fragen gestellt, von Personen, die sich mit meiner Arbeit auseinandergesetzt hatten. Die zuhörten. Die keinen Wert darauf legten, wer mein Vater war. Die wissen wollten, wer *ich* war, was *ich* fühlte, dachte, sagte.

Die malerische Kulisse der Côte d'Azur und der Erfolg von *Stauffenberg* konnten aber leider nicht darüber hinwegtäuschen, dass mein Leben wieder an einem schwierigen Punkt angekommen war. Obwohl ich gern allein bin, kam ich mit dem Singledasein nicht klar. Es fühlte sich merkwürdig an, zu wissen, dass meine Familie nun ihr eigenes Leben führte. Nicht, dass es mir schlecht ging. Denn so hatte ich mit niemandem Streit und lebte in den Tag hinein, wie es mir gefiel.

Ich hatte Petra und den Jungs unser geliebtes Heim überlassen und zog in eine Dachgeschosswohnung ganz in der Nähe. Die Bude war winzig und wurde im Sommer so heiß, dass ich manchmal durch die Dachluke nach draußen kletterte und unter freiem Himmel schlief. Die Bleibe hatte dennoch ihre Vorteile: Ich konnte meine Söhne sehen, wann immer ich wollte, und wertvolle Zeit mit ihnen verbringen.

Zeit, die ich plötzlich hatte. Denn obwohl ich in den Jahren zuvor durch die Welt gejettet war, wurden die Anfragen mit einem Mal weniger. Es war beinahe so, als hätte sich das Universum dazu entschlossen, mich auf die Probe zu stellen.

2002 war Leo Kirch pleitegegangen.[14] Die Insolvenz war ein Erdbeben in der Medienbranche. Der Tsunami, der nun folgte, ließ einen Teil des Filmmarkts zusammenbrechen. Ich war für fünf Filme angefragt, drei waren abgedreht und lagen auf Eis, denn das Geld reichte nicht aus, um die Postproduktion zu bezahlen. Plötzlich wurde alles abgeblasen. Filme und Produktionen, in die viele Menschen Zeit, Geld, Arbeit und Liebe gesteckt hatten, wurden eingestampft, der Arbeitsmarkt für Schauspieler lag brach. Eine unangenehme Situation, vor allem für jemanden wie mich, der immer mit einem Textbuch herumlief und bereits am einen Set für die nächste Rolle lernte. Aber ich konnte nicht rumsitzen und mich selbst bemitleiden. Und so schlug ich mich stattdessen mit Theaterengagements und Synchronjobs durch und hoffte, dass es bald wieder bergauf gehen würde.

Einen Sommer lang tingelte ich mit dem Wohnmobil durch die Lande und spielte jeden Tag in einer anderen Stadt die Hauptfigur des blinden Don in dem Stück *Schmetterlinge sind frei*. In der Liebestragödie geht es um einen Mann, der nicht sehen kann und deshalb bei seiner Mutter wohnt, bis die neue Nachbarin in sein Leben flattert, einen bis dato unbekannten Koffer voller Leichtigkeit und Lebensfreude im Gepäck.

Eines Tages machte ich auf meiner Tour in Würzburg halt. Die Sonne schien, und so zog es mich in einen Biergarten. Der Ort im Freien, bestuhlt mit Tischen und Bänken, war dicht gefüllt mit Menschen. Ich stand in der Schlange und wartete darauf, mein Essen zu bestellen, als sich plötzlich etwas im Augenwinkel bewegte. Ich

blickte zur Seite und sah ein Fellknäuel schnurstracks auf mich zu-
rennen: ein kleiner Labradormischling, schwarz wie die Nacht und
mit aufgeweckten Augen. Der Hund raste auf mich zu, als ob er seit
dem Anbeginn der Zeit auf mich gewartet hätte, und begrüßte mich
wie einen alten Freund.

Ich ging in die Hocke und versuchte, den wild mit der Rute we-
delnden Hund zu beruhigen. »Hallo, mein Freund«, sagte ich und
kraulte ihn hinter den Ohren.

Die Leute, die vor und hinter mir in der Schlange gestanden hatten, blickten zu uns herüber und lächelten. Ebenso wie eine Frau,
die zwischen den Bierbänken hindurch auf uns zugelaufen kam.
»Arab denkt wohl, Sie sind sein Herrchen.«

Verlegen stand ich auf und ignorierte den Hund, der an mir
hochsprang.

Die Frau sagte: »Ich habe ihn aus der Türkei mitgebracht, eigentlich für meine Schwester. Sie braucht etwas Gesellschaft,
denn sie ist die meiste Zeit sehr einsam.«

Genau wie ich, dachte ich, sagte es aber nicht laut. Kurz darauf hatte ich mein Essen bestellt und setzte mich mit der Frau an
den Tisch. Arab lag brav darunter und hatte den Kopf auf meine
Schuhe gelegt. Zum allerersten Mal hatte ich in der schieren
Masse von Menschen, die mich umgab – Gäste, Kellner, Köche,
die umherliefen, riefen, sich unterhielten –, keinen Fluchtimpuls.
Lag es daran, dass das Tier eine so ungeheuer beruhigende Wirkung auf mich hatte?

Die Frau redete weiter. »Leider kommt meine Schwester mit dem
Racker nicht zurecht. Und jetzt weiß ich nicht, was ich tun soll. Ich
habe bereits Hunde und Katzen, ein weiteres Tier wird mir zu viel.
Vielleicht wollen Sie ihn haben?«

Ich sah auf, direkt in ihre mich musternden Augen. »Wie bitte?«

»Ich glaube, Sie und Arab sind füreinander bestimmt. Wenn Sie
wollen, können Sie ihn mitnehmen. Er ist gesund, wurde ärztlich
untersucht, gechipt ist er auch. Wenn Sie mir nur die Auslagen er-
statten könnten …«

Ich stand sofort von der Bank auf. »Da vorn ist ein Geldautomat.« Arab war offensichtlich längst klar, dass ich sein neues Herrchen würde, denn er lief mir ohne Leine hinterher. Am Ende der Mittagspause war ich stolzer Hundebesitzer – und von einer Minute auf die andere nicht mehr allein. Der Hund blieb für Jahre mein bester Freund. Ich nahm ihn überallhin mit, auf Drehs, zu Proben, ins Wohnmobil und sogar mit ins Bett. Arab gab mir die Nähe, die ich vermisste, und das Gefühl, gebraucht zu werden. Der Name »Arab« heißt aus dem Arabischen übersetzt übrigens »Wunsch, Verlangen«. Meine Hoffnung und tiefe Sehnsucht, wieder jemanden an meiner Seite zu haben, hatte sich so schon einmal erfüllt.

KAPITEL 12
N48°34'47.3" E13°26'18.8"
PASSAU, DEUTSCHLAND

Es muss im Sommer 2006 gewesen sein. Ich saß im Café in einem kleinen Theatertourneeort nahe Passau, trank meinen Espresso und sah geradewegs hinüber zu ein paar Vögeln, die in der Baumkrone ihr Nest bauten, als mein Telefon klingelte. Michael Fröhling, mein Agent von der ZAV, rief an. Ein gutes Zeichen?

»Herr Krüger!«, begann Michael das Gespräch. Wir siezten uns zuweilen zum Spaß, denn unser Verhältnis war beinahe schon freundschaftlich. »Ich hoffe, die Tournee läuft erfolgreich?«

»Kann nicht klagen.« Ich hielt meine Antwort bewusst knapp. Ich wollte wissen, warum er anrief, und spürte eine angenehme Unruhe in mir aufsteigen.

»Sitzt du?«, wollte Michael wissen.

»Äh, ja.« Ich wurde nervös. Hatte er eine große Produktion im Gepäck?

»Ich gebe dir jetzt drei Stichwörter, und du sagst mir, was du denkst.«

»Okay.« Mein Kopf bereitete sich auf ein Ideenfeuerwerk vor.

»Hut. Wald. Hund.«

Ich schwieg, beim besten Willen fiel mir nichts zu den Stichwörtern ein.

Michael hakte nach. »Was denkst du, Hardy?«

»Dass ich meinen Hut vergessen habe?«

Er lachte und erklärte dann: »Claus Beling hat mich angerufen.«

Der ZDF-Unterhaltungschef persönlich?

»Und er hat nach dir gefragt.«

War das gut? Bei »Hut, Wald, Hund« musste ich jetzt doch an eine bestimmte Serie des Vorabendprogramms denken – und ich war mir nicht sicher, ob ich es gut fand, dass Beling mich für diese Produktion im Visier hatte. Vor allem weil mir bewusst war, dass ich ein solches Angebot nicht ablehnen konnte. Im Fernsehen spielte ich kaum noch eine Rolle. Wenn ich meine Karriere also nicht endgültig begraben und ein Leben auf Theatertournee verbringen wollte …

»Er möchte, dass du der nächste Förster im *Forsthaus Falkenau* wirst.«

War das ein Witz? Ich sollte die Hauptrolle in einer kitschigen Heimatserie übernehmen? Die Serie war mir bekannt, denn meine Nonna guckte sie regelmäßig und liebte sie. Allerdings mutete das Format inzwischen etwas verstaubt an.

»Aber … das ist doch Fernsehen fürs Altersheim!«, rief ich entsetzt. »Da wurde doch seit zwanzig Jahren nichts verändert. Wie kommt er denn auf mich, verdammt noch mal?«

Michael brach in Lachen aus. »Die Serie soll verjüngt werden. Mit dir.«

Da es zum Weinen nicht reichte, entschied ich mich ebenfalls fürs Lachen. »Wie soll denn das gehen? Heimatfilm ist seit Jahrzehnten out, was sag ich, seit Jahrhunderten.«

Etwas ernster erklärte Michael: »Du, die Quoten sind wirklich nicht schlecht.«

»Ja, aber wenn die letzten treuen Fans das Zeitliche segnen, rauschen die Quoten in den Keller. Davon abgesehen hast du mir verschwiegen, dass ich für diesen tollen Job vermutlich Lederhose tragen muss.«

Michael lachte wieder laut.

»Sie sind gefeuert, Herr Fröhling!«, rief ich laut und lachend.

Als wir uns nach einer Weile wieder beruhigt hatten, wurde ich nachdenklich. »Mal im Ernst, wie komme ich aus der Nummer wieder raus?«

»Puh.« Michael seufzte. »Ich weiß es nicht. Aber bitte vergiss nicht, es ist eine sichere Einnahmequelle, und du hättest erst mal ausgesorgt.«

»Ja. Und danach bekomme ich nie wieder gute Aufträge.« Ich hatte schon von einigen Kollegen gehört, dass sie seit einer bestimmten Rolle, die sie übernommen hatten, keine anderen Anfragen bekommen hatten.

Michael ließ sich aber die Laune nicht verderben. »Na schön. Es muss doch einen Weg geben, wie wir das Angebot ablehnen können, ohne Beling vor den Kopf zu stoßen.«

Wir grübelten eine Weile, und schließlich hatte ich den Einfall: Ich würde ein Konzept für die Verjüngungskur des *Forsthauses* schreiben, das so verrückt und teuer klang, dass sie es garantiert ablehnen würden.

Michael war überzeugt. »Das klappt hundertprozentig! Du bist ein Genie, Hardy.«

Und ich machte mich an die Arbeit.

Ich wusste, dass es nicht ausreichen würde, eine astronomisch hohe Gage zu verlangen, um Beling und sein *Forsthaus* abzuschütteln, denn bei den Öffentlich-Rechtlichen sind die Honorare gedeckelt. Also musste ich in die Trickkiste greifen. Ich machte mich an das Konzept und packte einfach alles mit rein, was einen Sender eigentlich abschreckt: einen teuren Auslandsdreh, Kinder am Set und jede Menge Tiere. Das Ganze garnierte ich mit einer hanebüchenen Story. Je länger ich an dem Konzept schrieb und es mit all den Dingen vollpackte, die bei Sendern Beklemmungen auslösen, desto mehr mochte ich die Geschichte. Sie war eine waghalsige Mischung aus *Unsere kleine Farm*, *The Waltons* und der *Bill Cosby Show* – und hatte so wenig mit dem bisherigen *Forsthaus Falkenau* zu tun, dass Beling die Idee einfach ablehnen musste. Das ZDF würde niemals so ein Risiko eingehen, denn mein *Forsthaus 2.0* war viel zu progressiv. Als ich die letzten Zeilen des Treatments fertig und die Mail an Beling formuliert hatte, fühlte ich mich gut. Ich saß mit dem Laptop auf dem Dach meiner kleinen Wohnung und drückte auf Senden. Das würden die niemals machen.

Nur Minuten später rief mich Michael, mein Agent, an und lachte laut. »Gut gemacht, Herr Krüger. Das ZDF wird uns auf jeden Fall absagen.«

»Großartig.« Ich war erleichtert.

Doch eine leise Stimme in mir maulte herum. Ich hatte mich so intensiv mit Stefan Leitner und seinem Schicksal auseinandergesetzt und auch einiges aus meiner eigenen Biografie in sein Leben einfließen lassen, dass ich mir mittlerweile sogar vorstellen konnte, die Rolle zu spielen. Selbstverständlich waren diese Gedanken vollkommen überflüssig, denn Beling würde das Konzept zu Papiermüll verarbeiten, das war so sicher wie das Amen in der Kirche.

In den kommenden Tagen vergaß ich das *Forsthaus* und widmete mich wieder meinen Brot-und-Butter-Jobs. Ein paarmal wurde ich für Baldessarini gebucht, Modelaufträge, gut bezahlt, mit sehr netten Kollegen. Die Fotoshootings für Hugo Boss, für die Werner Baldessarini seinerzeit arbeitete, waren aus Abenteurersicht stets ein Highlight, denn ich durfte dafür zum Beispiel nach Venedig reisen. Das Shooting, bei dem ich neben Uwe Ochsenknecht, Udo Kier, den Klitschko-Brüdern, Heiner Lauterbach, Alexandra Kamp und anderen mitwirkte, spielte vor der Kulisse der Lagunenstadt. Im Hintergrund ragten die alten *palazzi* auf, mit roséfarbener, bröselnder Patina. Gondolieri schipperten durchs Bild. Es war beinahe zu schön, um wahr zu sein.

Venedig ist eine unglaubliche Stadt, deswegen verwundert es nicht, warum Jahr für Jahr dreißig Millionen Besucher die Lagune bereisen,[15] bei gerade einmal fünfzigtausend Einwohnern.[16] Im Sommer kommt man kaum voran, die Kanäle, *piazze* und Brücken sind verstopft mit Touristen. Vor allem seitdem täglich mehrere Kreuzfahrtschiffe auf ihren Mittelmeerfahrten in Venedig anlanden, platzt die Stadt aus allen Nähten. Wirklich viel sieht man vom Zauber dann nicht. Das ist im Winter anders. Ab November sind die Temperaturen immer noch mild, aber es sind kaum noch Besucher da. Dann legt sich eine geradezu magische Ruhe über die Lagunenstadt, gemächlich plätschert das Wasser gegen die Bootsanlegestege, vor den Wolken ziehen Möwen ihre Kreise. In diesen Momenten lernt man Venedig von einer anderen Seite kennen, einer nachdenklichen, romantischen, verletzlichen.

Ich saß an einem der vielen Kanäle der Stadt – Arab schnüffelte aufgeregt zu meinen Füßen – und hörte mein Telefon klingeln.

»Ach, Herr Fröhling«, rief ich gut gelaunt ins Handy. »Du glaubst nicht, wo ich gerade bin. In Venedig. Es ist herrlich hier, ich glaube, ich bleibe.«

Mein Agent sagte nichts.

»Hallo? Michael?«

»Hardy, fall jetzt bitte nicht ins Wasser. Herr Beling hat angerufen. Er findet dein Konzept super, genau so wollen sie es machen.«

Es hätte nicht viel gefehlt, und ich wäre vor Überraschung wirklich fast in den Canal Grande gefallen. »Was?«

Michael fing zu lachen an. »Sie haben es gekauft. Alles. Du wirst der neue Förster von Falkenau.«

Das konnte doch nicht wahr sein! Das Konzept war viel zu abwegig und teuer gewesen ... Ich hatte es doch extra so geschrieben, dass sie es auf keinen Fall machen würden. Und nun hatten sie zugesagt?

»Und jetzt?«, fragte ich bang, denn immer noch fürchtete ich, welche Folgen eine Rolle wie die des Stefan Leitner für meine Karriere haben würde.

»Jetzt kommst du nach Deutschland und überlegst dir bis dahin gut, ob du die Sache machen möchtest.«

Vier schlaflose Nächte später übermittelte ich Michael meine Zusage und vereinbarte einen Termin beim Sender. Ich war überzeugt von der von mir geschaffenen Figur Stefan Leitner und würde diesem verstaubten Format schon neuen Wind einhauchen. Meine Chancen, etwas zu verändern, standen nicht schlecht, immerhin hatten sie schon mein durchgeknalltes Treatment angenommen – da würden sie sich bestimmt nicht bei weiteren Änderungen sperren. Dachte ich.

Wir flogen nur wenige Monate später nach Kanada. Immer noch konnte ich nicht glauben, dass ein als antiquiert geltender Sender sich auf eine so große Veränderung einließ. Aber die größte Überraschung sowohl für die Agenten als auch für die Produzenten war bestimmt, dass Hardy Krüger jr. sich dazu entschlossen hatte, den Förster zu spielen.

Meine Entscheidung traf nicht nur auf Begeisterung. Einige in meinem Umfeld, Kollegen, Freunde, Bekannte, konnten nicht verstehen, warum ich für das *Forsthaus Falkenau* meine internationale Karriere zu Grabe trug. Meine Agentin in Amerika sah das anders. Sie prophezeite mir, dass sie mich in den Staaten aufgrund der Serienrolle noch größer machen könne. Also nahm ich die Sticheleien einiger Kollegen mit Humor und lachte über ihre Fragen: »Ein Förster? Was kommt als Nächstes? Arzt in der *Schwarzwaldklinik*?« Doch ich glaubte daran, dass ich mein Glück schon selbst in die Hand nehmen würde, wenn ich eines Tages mit dem *Forsthaus* aufhörte. Vom neuen Konzept für das *Forsthaus Falkenau* indes war ich überzeugt. Ein alleinerziehender Vater mit Hund und Hof, überfordert, weil er die Rolle beider Eltern einnehmen muss, mit einer Tochter, die mitten in der Pubertät steckt. Das war der frische Wind in der Handlung, wohingegen die Geschichten aus dem Wald altbewährt blieben, auch um ein Wiedererkennungsmerkmal zu haben. Tatsächlich hatten wir ab Folge eins fantastische Quoten, das *Forsthaus* gehörte bald wieder zu den beliebtesten Vorabendserien der Zeit und zog eine Verjüngung anderer Formate nach sich.

Ich war zufrieden, denn ich konnte arbeiten. Herumsitzen und auf tolle Angebote warten ist nichts für mich. Und ich war froh, durch die Serie meine Finanzen in den Griff zu bekommen: Ich konnte den Unterhalt für die Jungs zahlen und in eine größere Wohnung ziehen, außerdem wurde ich für Filmproduktionen in Thailand und Schweden angefragt. Und es kam noch besser: Das Erste schlug mir eine Kriminalserie auf Ibiza vor, in der ich die Hauptrolle übernehmen sollte. Ich war wirklich glücklich, wenn auch mit einer kleinen Träne im Knopfloch. Denn am liebsten hätte ich wieder Kinofilme gedreht. Doch dafür war ich schon zu weit in die andere Richtung gegangen, und es ist wirklich schwer, aus der »Fernsehschublade« wieder herauszukommen, wenn man einmal reingerutscht ist. Beruflich war ich zwar nicht genau da, wo ich sein wollte, aber ich war trotzdem dankbar. Wenn ich etwas mache, mache ich es mit ganzem Herzen, und mit meiner Entscheidung, der neue Förster zu werden, hatte ich auch die Herausforderung angenommen, ein verstaubtes Format in die Neuzeit zu übertragen und aus der antiquierten Heimat- eine moderne Familienserie zu machen.

Das war beileibe nicht einfach. Ich musste für jeden kleinen Satz und jede Handlung kämpfen. Denn ich wollte weg von Plots wie »Herr Leitner, mein Hamster hat Bauchweh«. Stattdessen schlug ich vor, den Klimawandel, Genmanipulationen in der Landwirtschaft, Energiewende und so weiter aufzugreifen, wichtige Themen, die uns zu dieser Zeit Mitte der 2000er-Jahre beschäftigten. Leider hatte ich die Innovationswilligkeit des ZDF mit dem Pilotfilm schon ziemlich ausgereizt, sodass meine folgenden Ideen in den meisten Fällen abgeschmettert wurden.

Mit den Frauen hatte ich ähnlich viel Glück wie mit meinen *Forsthaus*-Ideen, nämlich gar keines. »Du bist jetzt geschieden, Mann, hau doch mal richtig auf den Putz«, hörte ich nicht nur einmal von meinen Freunden. Auch wurde mir immer wieder unterstellt, dass ich doch jede haben könne. Doch meine Geschicklichkeit beim anderen Geschlecht hatte sich in den vergangenen Jahrzehnten nicht eben weiterentwickelt. Ich wollte mich verlieben ... und stolperte von einer Katastrophe in die andere. Auch deshalb, weil ich das Verliebtsein so liebte und mich tief in meinem Herzen noch gar nicht binden wollte. Die Trennung von Petra steckte mir immer noch in den Knochen, ich war im Kopf nicht frei, wie es so schön heißt. Dennoch ließ ich mich auf Affären und Liebschaften ein, hinterließ manch gebrochenes Herz und bekam auch selbst einige Kratzer und Dellen ab.

Ablenkung von meinem Frust in Liebesdingen fand ich bei der Arbeit, denn meine Rolle als Förster Stefan Leitner war herausfordernd. Ich drehte den ganzen Tag von früh bis spät, in fast jeder Szene war ich dran. Zugegeben, das hatte ich unterschätzt, denn es hatte sich vieles seit meiner ersten Serie vor zehn Jahren an der Nordsee verändert. Früher hatte es Drehbücher gegeben, richtige Drehbücher aus Papier, und eine Staffel hatte dreizehn Folgen beinhaltet. Beim *Forsthaus* waren es einundzwanzig Folgen pro Staffel, für jede Folge waren sechseinhalb Tage Dreh eingeplant. Es war unglaublich viel zu tun. War ein Drehtag vorbei, trank ich ein kurzes Feierabendbier mit der Crew und wurde von einem Fahrer nach Hause gebracht, zwei Stunden vom Drehort entfernt. Auf der Fahrt lernte ich den Text für den nächsten Tag, und wenn ich zu Hause angekommen und mit Arab eine letzte Runde gelaufen war, ging ich ins Bett.

Ein Tag glich dem anderen. Ich arbeitete zu viel und schlief zu wenig. Vier Stunden Schlaf sind auf Dauer einfach nicht genug. Es passierte nicht nur einmal, dass ich am Morgen aufwachte und das Gefühl hatte, es wäre noch mitten in der Nacht. Wenn es Arab nicht gegeben hätte, der stets bereits vor meinem Bett stand und freudig mit dem Schwanz wedelte, wäre ich vermutlich nicht selten liegen geblieben. Eine kurze Dusche, eine Runde mit dem Hund, und schon setzte ich mich wieder ins Auto und wurde ans Set gefahren. Während der Fahrt kamen die ersten Quoten rein, ich las ein paar Nachrichten, versuchte mich an den Text zu erinnern, den ich am Vorabend in mich reingeprügelt hatte, und sah aus dem Fenster. Vor allem im Sommer war das merkwürdig, weil der Wagen an Cafés vorbeifuhr, in denen die Menschen in der Sonne saßen, Cappuccino tranken und das Leben genossen. Wir fuhren an Kindergärten und Schulen vorbei, wo die Kleinen auf den Höfen miteinander spielten, an Baustellen, vor denen ein orange gekleideter Bauarbeiter in der Hitze des Vormittags mit einem Presslufthammer den Asphalt bearbeitete. Die Welt kam mir aus dem Wageninneren so fremd vor, als wäre ich niemals ein Teil von ihr gewesen.

Wir drehten von März bis Oktober – das ist eine lange Zeit, und in dieser wuchsen wir als Team enorm zusammen. Wie immer spielte ich im Winter Theater, an den Wochenenden kamen TV-Shows, Talkrunden und Filmfestivals dazu. Da ich die Hauptrolle im *Forsthaus* übernommen hatte, wurde ich häufig in andere Formate eingeladen, was toll für die Quote, aber schlecht für die eigene Regeneration war. Immerhin kam ich so mal raus aus meinem Trott und dem Wald, wo mir selten Regisseure und Produzenten über den Weg liefen, bei denen ich mich immer wieder in Erinnerung rufen konnte.

Im Winter 2007 fuhr ich in die Berge. Baldessarini hatte zu einem Poloturnier in Tirol eingeladen, das in der Nähe von Kitzbühel auf einem riesigen verschneiten Feld stattfand. Wir wohnten in den besten Hotels, aßen in den schönsten Skihütten und schauten tagsüber dem Spektakel vom Zelt aus zu. Natürlich floss der Alkohol in Strömen, vor allem am Eröffnungsabend freitags im »Stanglwirt« schaute ich viel zu tief ins Glas. Dementsprechend mies ging es mir am darauffolgenden Morgen. Mit schwerem Kopf streifte ich durchs Zelt vor dem Polofeld, begrüßte einige Kollegen und überlegte, mir etwas vom Büfett zu holen. Mein Blick wanderte über die Tische, an denen Schauspieler, Stars und Sternchen, aber auch die Elite von Kitzbühel standen. Obwohl es noch nicht einmal Mittag war, hatte jeder ein Glas mit etwas Alkoholischem vor sich stehen.

Niemand schien sich für das Büfett zu interessieren, auf dem es ausschließlich Leckereien gab. Ich auch nicht. Anstatt mir einen Teller zu nehmen und etwas Nahrhaftes zu besorgen, lief ich auf die Bar zu und ließ mir einen Drink servieren.

Mit Arab im Schlepptau spazierte ich anschließend auf die Terrasse und beobachtete die Pferde, die über das Feld galoppierten. Die Sonne schien vom strahlend blauen Himmel, die Berge ragten über uns auf, die Landschaft um uns herum sah aus wie frisch gezuckert. Ich schloss die Augen, atmete tief ein, genehmigte mir einen großen Schluck und seufzte vor Wonne.

Als ich die Augen wieder öffnete, bemerkte ich eine Frau in meiner Nähe, die in meine Richtung sah und lächelte. Arab, der zu meinen Füßen saß, fing an zu winseln. Beinahe so, als wollte er sagen: »Na los, sprich sie an!« Natürlich tat ich nichts dergleichen, sondern ging in die Hocke und versuchte, den Hund zu beruhigen.

Es ist schwer, als Person, deren Gesicht jeden Tag über die Mattscheibe flimmert, jemanden kennenzulernen, vor allem wenn man sich im Privatleben so zurückgezogen hat wie ich zu dieser Zeit. Als Schauspieler musst du eigentlich jede Gelegenheit nutzen, um in die Medien zu kommen und von dir reden zu machen. Das ist unglaublich mühsam, weil du nicht so sein kannst, wie du wirklich bist – auch wenn ich »privat« irgendwo angetroffen werde, muss ich eine Rolle spielen, nämlich die des Hardy Krüger jr. Das führte vor allem früher dazu, dass ich mich irgendwann gar nicht mehr richtig auf andere Menschen einlassen konnte. Ich betrieb in der Regel etwas oberflächlichen Small Talk, versuchte, möglichst wenig von mir preiszugeben, und verkrümelte mich, sobald es ging. Enge Freundschaften pflegte ich kaum, und meine letzte ernsthafte Beziehung war gefühlte Jahrhunderte her. Ich lebte wie ein Eremit, als einzigen treuen Begleiter duldete ich Arab. Mit ihm reiste ich im Wohnmobil durchs Land, er war das einzige Wesen, das ich länger als einen Tag um mich herum ertrug. Ich lernte so viel von ihm ... auch wie man sich aus unangenehmen Situationen befreit.

Im Sommer war ich bei einem Schulfest meines Sohnes gewesen, einer Veranstaltung, die ich eigentlich gern geschwänzt hätte. Denn natürlich waren einige Mütter anderer Kinder da, die mich sofort in Beschlag nahmen und wie verrückt mit den Wimpern klimperten, während wir uns unterhielten. Es war geradezu grotesk, wie sie um meine Aufmerksamkeit buhlten, und ich hatte keine Ahnung, wie ich mich aus ihren Fängen befreien sollte, denn meine Jungs spielten miteinander und brauchten ihren Vater gerade gar nicht. Aber das war mir egal, ich lief auf sie zu und sagte: »So, wir gehen jetzt da zum Waldrand und bauen ein Tipi. Wer kommt mit?«

Noah und Leon sahen mich an, als wäre ich einem Raumschiff entstiegen. Verdammter Mist. Wieso taten die nicht einmal das, was ich sagte? Mein Blick fiel auf Arab, der neben mir Sitz machte und den Kopf schief legte. Er brachte mich auf eine andere Idee. »Wer den größten Stock findet, darf ihn werfen!«

Die Jungs sprangen auf und rasten unter wildem Geschrei zum Waldrand. Ich lief an den verdutzten Gesichtern der Mamis vorbei und hob die Hände. »Kinder«, sagte ich entschuldigend und machte, dass ich wegkam. So verhielt ich mich normalerweise, wenn mich Fans und Menschen auf der Straße ansprachen oder versuchten, in Kontakt mit mir zu treten.

Bei dieser jungen Frau hier im Zelt in den österreichischen Bergen war es aber anders. Sie schaute in meine Richtung und lächelte, aber sie sah mich nicht wie alle anderen an, denen ich normalerweise begegnete, nicht mit dem Blick, der verriet: »Oh, wie aufregend, ich begegne einem Prominenten!« Für einen Moment war ich mir nicht einmal sicher, ob sie wusste, wer ich war. Langsam stand ich auf. Insgeheim wusste ich: Wenn ich so weitermachte wie bisher, würde ich irgendwann ein unvermittelbarer, merkwürdiger Eigenbrötler sein, der niemanden mehr in seinem Leben ertragen kann. Ich würde bis ans Ende meiner Tage allein bleiben – sah man von Arabs Begleitung einmal ab – und nie wieder tiefe, zwischenmenschliche Liebe empfinden. Wollte ich das?

Arab fiepte, fast so, als wollte er sagen: »Sei nicht so ein Schisser, Krüger!«

Ich zögerte wie üblich und verlor den Mut. Das Gedankenkarussell nahm ebenfalls schon wieder an Fahrt auf. Der Hund winselte erneut und stupste mich mit seiner feuchten Nase an. Arab hatte wohl auch bei Frauen einen guten Riecher.

Ich kraulte ihm die Schnauze, drückte den Rücken durch und schritt langsam auf die dunkelhaarige Schönheit in dem langen Mantel zu. Als ich vor ihr stehen blieb, wollte ich etwas Geistreiches oder Witziges sagen ... aber nichts fiel mir ein. Mein Kopf war wie leer gefegt, als wären alle Gedanken mit einem Klick gelöscht worden. Arab, der mir auf dem Fuß gefolgt war, legte sich auf den Boden und verbarg die Schnauze unter den Pfoten – selbst ihm war mein Schweigen peinlich.

Die Unbekannte sah auf den Hund hinunter. »Der ist ja süß. Ist das Ihrer?«

Gott sei Dank! Sie hatte das Eis gebrochen. Ich erklärte der jungen Frau mit einem Lächeln: »Wenn ich Ihnen das erzähle, glauben Sie es mir nie. Das ist eine wirklich tolle Geschichte.«

KAPITEL 13

N13°44'46.3" E100°29'38.4"

BANGKOK, THAILAND

In der Woche nach dem Poloturnier in Kitzbühel stand ich wieder einmal als Stefan Leitner im Wald und kümmerte mich um die Sorgen und Nöte meiner fiktiven Bürger. Am Set sorgte ich für gute Stimmung und unterhielt die Episodenhauptrollen. Häufig brauchen sie besondere Aufmerksamkeit, um sich wohlzufühlen. Als Hauptdarsteller ist man deswegen nicht nur wichtig für die Produktion des Films, man ist auch der Dreh- und Angelpunkt für die Crew. Habe ich schlechte Laune, färbt das auf alle ab – mein Umgang mit den einzelnen Departments ist entscheidend dafür, wie die Crew miteinander umgeht.

Eigentlich war es eine Woche wie immer, und doch war alles anders. Ich konnte es nämlich kaum erwarten, am Freitag nach Drehschluss meine Sachen zu packen und nach Österreich zu fahren, in das Land der steil gen Himmel aufragenden Berge, geheimnisumwobenen Täler und tröstlichen Mehlspeisen. Dort war ich mit der schönen Dunkelhaarigen verabredet, die ich am Wochenende zuvor in Kitzbühel kennengelernt hatte. Katrin. Die Sache hatte nur einen Haken: Es war ein Kinderwochenende, das heißt, ich hatte

Leon und Noah bei mir. Kurzerhand beschloss ich, die beiden einfach mitzunehmen, frei nach dem Motto »Ich heirate eine Familie«. Wenn Katrin damit nicht klarkam, wäre sie sowieso nicht die Richtige für mich. Und so fuhr die kleinste Krüger-Karawane aller Zeiten am Ende der Woche nach Tirol.

Aus heutiger Perspektive kann ich über das Wochenende, das folgte, nur vergnügt den Kopf schütteln. Denn natürlich wurde es aufregend, chaotisch und manchmal unangenehm, wie das eben so ist, wenn zwei Menschen sich ineinander verlieben und versuchen, möglichst locker damit umzugehen. Deswegen zögerte ich auch keine Sekunde, als Katrin die Jungs und mich zum Skifahren einlud. Dass ich seinerzeit auf Holzskiern gelernt und den Sprung zu den Carvingskiern verschlafen hatte, verriet ich meiner neuen Liebe natürlich nicht. Auch behielt ich für mich, dass ich als Junge lieber in den Himmel geschaut hatte, als Skirennen zu gewinnen. Die Skier, auf denen ich das Fahren gelernt hatte, waren lang und schmal, mit ihnen wedelte man den Hang runter. Als Katrin mich also fragte, ob wir Ski fahren wollten, sagte ich begeistert zu und stellte meine Fähigkeiten keinen Moment lang infrage.

Als wir in der Gondel auf dem Weg zur Spitze des Hahnenkamms waren, ein Bergmassiv, auf dem auch die »Streif« liegt, eine der riskantesten und gefährlichsten Skipisten der Welt, redete ich mir ein: *Skifahren ist wie Radeln. Das verlernt man nicht.*

Jeder, der von klassischen Skiern auf Carving umgestiegen ist, weiß, dass man im Grunde ganz von vorn anfängt. Wenn dieses »von vorn« auch noch auf dem Hahnenkamm stattfindet, kann die Sache eigentlich nur schiefgehen. Die Carvingskier sind breit und kurz, man fährt mit ihnen keine Schwünge, sondern steht breitbeinig auf den Brettern und verlagert nur leicht das Gewicht von links nach rechts. Wer versucht, mit dem alten Skistil zu fahren, landet binnen Sekunden mit der Nase im Schnee. Das lernte ich an diesem Tag sehr schnell.

Kaum hatte ich die Skier angezogen, düste ich los – ich wollte mich vor Katrin und der Gruppe aus Freunden, Familienmitgliedern und Bekannten, die uns begleiteten, beweisen. Ich kam natürlich nicht weit. Die anderen kringelten sich vor Lachen, und ich schämte mich in Grund und Boden, besonders als es auch in den folgenden Stunden nicht viel besser wurde mit meiner Technik. Was aber auch am Alkohol lag, den wir in so ziemlich jeder Hütte, an der wir vorbeikamen, konsumierten.

In Österreich wird nicht gerade wenig getrunken, dementsprechend sind die Skihütten auch nicht zum Aufwärmen, sondern zum Aufheizen gedacht. Das machte meine letzte Abfahrt zu einem wahren Höllenritt, meine Beine waren weich wie Gummi, und meine Koordinationsfähigkeit wäre auch ohne Bretter unter den Füßen eingeschränkt gewesen. Leider enthemmt Alkohol aber, außerdem war ich stolz, weil ich mich mittlerweile viel besser auf den Carvingskiern machte als zu Beginn unserer Tour. In der Ferne konnte ich schon das Haus von Katrins Familie sehen, in dem wir unterkamen, am Hang der Skipiste unterhalb des Hahnenkamms. Ich nahm Fahrt auf, wurde immer schneller. Wie man bremste, wusste ich noch nicht so richtig – ich hatte heute vor allem gelernt, dass man beim Carven die Ski laufen lassen muss. Das Problem ist aber, dass sie dadurch noch schneller werden und es schwierig wird, die Kontrolle zu behalten. Kurzum: Die Skier fuhren mit mir hin, wo sie wollten. Die Richtung stimmte, aber ich hatte keine Ahnung, wo die Bremse war.

»Stopp!«, hörte ich Katrin von hinten rufen, aber da war es schon zu spät. Ich schoss über die Straße und flog mit einem hohen Satz in den Garten des Nachbarn. Mein Auftritt war legendär, und so ziemlich jeder, der ihn miterlebte, erinnerte sich noch Jahre später daran. Glücklicherweise war mir nichts passiert, und der Alkohol federte den Schrecken ab. Aber noch viel besser war, dass ich an diesem Abend in Katrins Armen vor dem knisternden Kamin getröstet wurde.

Uns verband vieles. Beide waren wir bereits gereist, teilweise hatten wir sogar an denselben Orten gelebt, wenn auch zu anderen Zeiten. Katrin hatte beispielsweise einige Jahre mit ihrem letzten

Freund in Lugano verbracht. Nachdem die Beziehung zerbrochen war, kehrte sie nach Österreich zu ihren Eltern zurück. Genau dort lagen wir nun also nebeneinander in ihrem schmalen Bett im alten Kinderzimmer. Katrin ist nicht besonders groß, ihr Zimmer war es auch nicht. Es lag unter dem Dach, und ich musste den Kopf einziehen, wenn ich ins Bad wollte. Duschen konnte man nur im Sitzen, und meine Füße hingen immer aus dem Bett heraus. Und doch waren es zwei unglaubliche, innige, wunderbare Tage und noch viel aufregendere Nächte, die wir miteinander dort verbrachten.

Wir verliebten uns ineinander. Mein Wunsch, wieder mit einem Menschen zusammenzuleben, wuchs von Tag zu Tag. Ich hatte anfangs Sorge, Katrin wegen meiner beruflichen Situation zu viel allein zu lassen. *Forsthaus Falkenau* lief sehr erfolgreich, außerdem standen die Aufnahmen für *Toni Costa – Kommissar auf Ibiza* an. Ich war dankbar, dass ich nicht für alle Zeiten auf die Rolle von Stefan Leitner festgenagelt war, gleichzeitig fragte ich nicht nur einmal mein Schicksal, ob es mich eigentlich auf den Arm nehmen wollte. Kaum dass es in der Karriere nach harten, mageren Jahren wieder vorwärtsging, wurde mir eine Traumfrau serviert, mit der ich meine Zukunft planen wollte.

Immerhin: Katrin war jeden Tag von ihrer Großfamilie umgeben. Der Clan der Fehringers ist sehr eng verbunden, sie tun nichts, ohne regelmäßig miteinander zu telefonieren. In jedem Haus der Familie stehen immer alle Türen offen, es ist ein ständiges Kommen und Gehen. Für Geheimnisse und Intimität gab es wenig Platz. Und so passierte es nicht nur einmal, dass ich unter der Dusche stand, die Badezimmertür aufging und irgendjemand hereinplatzte. »Servus! Du, sag amal, host du den Rudi g'sehn?« Wenn man an so etwas gewöhnt ist, macht einem das vermutlich nichts aus. Als ehemaliger Einsiedler musste ich mich jedoch erst an die überschaubare Privatsphäre gewöhnen.

Egal, wo wir hinfuhren, wir waren immer eine große Gruppe. Im Winter traf man sich in Tirol, im Frühling am Attersee, im Sommer in Italien und im Herbst in Spanien, stets in Ferienhäusern der Familie, dann fing der Kreislauf wieder von vorn an. Man traf immer dieselben Leute, jeder von ihnen hatte an den Orten ein Haus, war ein Nachbar oder lag mit seinem Boot im Hafen. Und jede Begegnung wurde gefeiert, als ob es kein Morgen gäbe, wobei häufig Alkohol floss. Ich hielt mich ja schon für trinkfest, aber in Österreich wurde meine geschundene Leber noch einmal herausgefordert. Am Anfang fand ich es großartig, denn ich liebte diese verrückte Mischpoke, die mich mit offenen Armen aufgenommen hatte, und ich liebte ihre Feiern und den Spaß, den ich mit ihnen erleben konnte.

Nach etwa einem Jahr merkte ich jedoch, dass es immer dasselbe war. Die Fahrten nach Kitzbühel, an den Attersee, nach Italien, Marbella oder Ibiza, dieselben Leute, dieselben Partys, dieselben schrecklichen Kater am Morgen danach. Nichts veränderte sich. Es blieb immer gleich. Mein Leben bestand aus Textlernen, Dreharbeiten und Feiern, bis der Arzt kommt.

War das Glück? Ich wusste es nicht, nahm jedoch eine innere Leere in mir wahr, die ich nicht füllen konnte, egal, wie viel Mehlspeisen und Alkohol ich zu mir nahm.

Doch ich liebte Katrin und hoffte darauf, mit ihr eine eigene Familie gründen zu können. Ich malte mir aus, wie wir in ein eigenes Haus zogen, Kinder bekamen und es etwas ruhiger angehen ließen.

Als ersten Schritt suchte ich uns eine Wohnung am Starnberger See, in der Nähe von einem der Drehorte vom *Forsthaus Falkenau*. *So können wir jeden Abend zusammen sein*, dachte ich, und ich wäre nicht gezwungen, die Woche über allein zu sein und am Wochenende nach Österreich zu fahren, um nur zwei Tage später mit dröhnendem Schädel wieder zum Drehort zurückzukehren.

Montags war es immer am schlimmsten. Meine Maskenbildnerin Sabine warf am Anfang der Woche, wenn ich am Set ankam, stets einen Blick durchs Fenster auf den Beifahrersitz, um herauszufinden, in welchem Zustand ich mich befand. Anschließend teilte sie dem Set-Aufnahmeleiter mit, wie viel Zeit er für die Maske einplanen musste. Sabine trug Sorge, dass mein Gesicht kameratauglich wurde, egal, wie viel ich am Wochenende getankt hatte.

Mein Plan mit der Wohnung in Starnberg war gut, doch er ging nicht auf, denn Katrin war so gut wie nie da. Sie fühlte sich ihrer Familie so verbunden, dass sie die meiste Zeit in Österreich verbrachte und ich ihnen am Wochenende, genau wie vorher, hinterherreiste. Ein gemeinsames Leben, wie ich es mir erträumt hatte, fand im Prinzip nicht statt, denn entweder war ich allein in Starnberg oder wir waren bei ihrer Mischpoke in Österreich.

Mit der Zeit stellte ich fest, dass es noch mehr gab, was Katrin und mich trennte. Sie kommt aus einer großartigen, wohlhabenden Familie, in der man sich um jeden kümmert, und arbeitete im väterlichen Baubetrieb. Katrins Vater, den ich vom ersten Moment an schätzte, legte größten Wert darauf, dass es seiner Tochter nie an etwas fehlte. Genau wie die meisten ihrer Freunde musste sich Katrin deshalb nie Sorgen ums liebe Geld machen und konnte das Leben in vollen Zügen genießen. Für mich galt das nicht. Ich musste für meine Jungs aufkommen und Rücklagen bilden für die Zeit nach dem *Forsthaus*. Wer in meinem Beruf auf zu großem Fuß lebt und nicht auf dem Schirm hat, dass jeden Moment andere Zeiten anbrechen können, wird vermutlich nicht lange durchhalten.

Der größte Fehler, den ich in Beziehungen zu Frauen immer wieder gemacht habe, ist, zu denken, dass Liebe alles überstehen kann. Ich hatte auf meinen Reisen um die Welt schon so viele Menschen kennengelernt, denen es schlechter ging als uns privilegierten Europäern. Die waren arm wie Kirchenmäuse, aber glücklich, weil sie sich gefunden hatten. Irgendwie dachte ich, dass dasselbe auch für Katrin und mich gelten müsse. Wir gegen den Rest der Welt, das war meine Überzeugung. Wenn man schon einmal verheiratet war, glaubt man, dass man aus den Fehlern und Erfahrungen gelernt hat. In manchen Dingen mag das sicherlich stimmen, doch andere Fehler machst du immer wieder – so lange, bis du es wirklich verstanden hast.

In der Beziehung mit Petra hatte ich meine eigenen Bedürfnisse und Wünsche lange Zeit hintangestellt, vielleicht auch aus schlechtem Gewissen, weil ich so selten da gewesen war. Man könnte meinen, dass ich meine Lektion nach der Scheidung gelernt hatte. Leider war mir immer noch nicht klar, dass ich mich auf mein eigenes Glück hätte fokussieren sollen. Stattdessen richtete ich mich auf Katrin und das Leben aus, das wir uns aufbauen wollten, aus dem tiefen Bedürfnis heraus, das zu bekommen, was ich seit der Trennung meiner Eltern so vermisste: eine intakte, glückliche Familie.

Ich kam meinem Traum, mich endlich mit Katrin niederzulassen und eine Familie zu gründen, 2009 näher, knapp ein Jahr nachdem wir geheiratet hatten. Merkwürdigerweise an einem Ort, an dem ich es am wenigsten erwartet hätte: in einem Waisenheim in Bangkok.

Ich war im Auftrag von UNICEF unterwegs, um ein Projekt zu unterstützen, das sich gegen Kinderprostitution und Menschenhandel in Südostasien einsetzte. Bis heute gibt es diesen schrecklichen Markt in Bangkok, auf dem junge Mädchen und Jungs verkauft werden. Sie landen in einem Bordell oder, wenn sie »Glück« haben, in einer Fabrik, wo sie zu menschenunwürdiger Arbeit gezwungen werden. Viele werden auch ins Ausland verschleppt, beispielsweise nach Russland oder Südafrika. In Laos, einem Nachbarland von Thailand, wunderschön im Hochland gelegen, wollte UNICEF ein sogenanntes Traffic Center aufbauen, in dem Jungen und Mädchen, die als Sexsklaven verschleppt worden waren, Zuflucht finden. Nach der medizinischen Versorgung suchen die zuständigen Mitarbeiter nach den Eltern der Kinder, um die Jungen und Mädchen zurück in ihre Heimatdörfer zu bringen. Fast immer stammen die Kinder aus dem Hinterland, haben kein Handy, keine Adressen und natürlich auch keine Nachweise über ihre Identität.

Wenn ich es nicht mit eigenen Augen gesehen hätte, hätte ich es vermutlich nicht geglaubt. Aber die Armut auf dem Land ist so groß, dass Familien gezwungen sind, ihren Nachwuchs Menschen anzuvertrauen, die ihnen versprechen, die Kinder in gut bezahlten Arbeitsstellen in der Großstadt unterzubringen. Sechs Dollar bekommt eine thailändische Bäuerin für eine Tochter. Gerade mal so viel ist ein Menschenleben in diesem Teil der Welt wert. Die meisten Kinder verschwinden für immer, werden mit Drogen vollgepumpt und an den Höchstbietenden verkauft. Es ist schockierend.

Auf meiner Reise besuchte ich also auch Bangkok. Die Stadt ist bunt, laut und heiß. Auf den Straßen rasen Tuk-Tuks, Autos und Busse herum, in jeder Sekunde muss man um sein Leben bangen, weil man Gefahr läuft, über den Haufen gefahren zu werden. Es gibt faszinierende Tempel, gewaltige gläserne Hochhäuser und natürlich die Kehrseite: dunkle, unheimliche Gassen, in denen man sich als Tourist nicht einmal tagsüber sicher fühlt. Im Gegensatz zu vielen anderen asiatischen Städten sind die Einwohner Bangkoks westliche Besucher gewöhnt, sodass man sich nicht wie die eigentliche Hauptattraktion der Stadt fühlt, wenn man durch die engen Straßen schlendert. Aber wie überall auf der Welt haben sich die Thailänder an die reichen Urlauber angepasst. Alle naselang wird man angesprochen, von Frauen, die dir etwas verkaufen wollen, von Männern, die dich in einen Massagesalon oder einen Pingpongclub bringen möchten, und natürlich auch von Kindern, die um Kleingeld betteln.

Eines Abends war ich in einem Restaurant etwas essen, und als ich aus der Tür trat, stand ein vielleicht fünfjähriger Junge vor mir, der mich in perfektem Oxford-Englisch begrüßte: »*Good evening, Sir, I hope you had a wonderful evening. My name is Nathapong, and I would like to show you around.*«

Ich blieb verdutzt stehen. Warum konnte der Kleine akzentfrei Englisch sprechen? Ich stellte ihm einige Fragen, begriff jedoch bald, dass er im Grunde keine Ahnung hatte, was er da sagte, und natürlich auch kein Englisch sprach. Irgendein Erwachsener, vermutlich seine Eltern, hatten ihm die Worte beigebracht und ihn dann zum Betteln auf die Straße geschickt. Das offenbarte mir die leere Handfläche, die mir der Junge entgegenstreckte.

Zwar kämpfen die Stadt Bangkok und das Königshaus mit allen Mitteln gegen die Kriminalität und vor allem gegen die Prostitution in der Stadt. Doch es ist und bleibt ein Kampf von David gegen Goliath. Kleine Schritte indes tun sich. So gibt es mittlerweile eine medizinische Versorgung für die sogenannten »Sexworker«, die Möglichkeit, anonym zu entbinden, und eine Babyklappe in Krankenhäusern, in die Mädchen, die ungewollt schwanger werden, ihre Babys legen können, um diese medizinisch versorgen und zur Adoption freigeben zu lassen.

Nach dem Besuch eines solchen Krankenhauses fuhr ich in ein Waisenhaus, um mir ein Bild von den Zuständen dort zu machen. Gemeinsam mit dem Dolmetscher, den Leuten von UNICEF und einigen Fotografen wurden wir von den Mitarbeitern in einen Saal geführt, in dem dreißig hellblau angestrichene Kinderbettchen aus Metall standen. In fast jedem Bett lag oder saß ein Kind, die kleinsten waren noch Säuglinge und Babys, aber es gab auch ältere Jungen und Mädchen.

Was ich sah, ließ mein Herz schwer werden. Natürlich, es war den Kindern anzusehen, dass sie es hier gut hatten. Aber es machte mich dennoch unendlich traurig, dass so viele kleine Menschen auf der ganzen Welt ohne Eltern aufwachsen müssen, während es hierzulande viele Paare gibt, die sich verzweifelt ein Kind wünschen. *Die Welt ist einfach kein gerechter Ort*, dachte ich mir, während ich langsam durch die Reihen der Metallbetten lief.

Dann blieb ich stehen. In dem Bettchen links von mir saß ein kleines Mädchen und sah mich aus riesengroßen dunkelbraunen Augen an. Sie hatte schwarzes Haar, mokkafarbene Haut und ein Lächeln, das mich in Mark und Bein traf. Ich weiß nicht, warum, aber ich hatte sofort das Gefühl, dass dieses Mädchen zu mir gehörte.

Verwirrt lief ich weiter und ließ mir von den Betreibern des Waisenhauses die Spielzimmer, die medizinischen Einrichtungen und eine Wand zeigen, an der Bilder von vermittelten Kindern hingen, die mittlerweile auf der ganzen Welt lebten.

Doch ich konnte das Mädchen nicht vergessen. Auch am Abend dachte ich an nichts anderes als dieses Waisenkind. Ich rief Katrin in Österreich an und erzählte ihr von meiner Begegnung. Auch sie wünschte sich eine Familie mit mir und war traurig, dass wir noch nicht schwanger geworden waren. Die Verbindung zu ihrer eigenen Familie war so stark, dass sie sich ein Leben ohne Kinder schlichtweg nicht vorstellen konnte.

Ich flog zurück nach Deutschland. In meinem Kopf erklang seit dem Tag im Waisenhaus eine Stimme, die mir zuflüsterte, was ich zu tun hatte. Glücklicherweise musste ich bei Katrin keine Überzeugungsarbeit leisten. Wir buchten gleich nach meiner Ankunft in München zwei Flüge nach Bangkok und waren kurz darauf wieder im Waisenhaus. Als Katrin die kleine Vinas sah, war alles klar.

»Wir nehmen sie mit«, beschloss sie.

Unser Wunsch, Vinas nach Deutschland zu holen, war nicht nur egoistischer Natur. Ja, wir wollten Kinder, aber vor allem hatten wir beide das Gefühl, in einer so privilegierten Situation zu leben, dass es eine Schande gewesen wäre, nichts von unserem guten Leben an ein Kind in Not abzugeben. Es fängt bei jedem Einzelnen an, und wenn wir wollen, dass diese Welt ein besserer Ort wird, müssen wir die Grenzen unseres Geistes sprengen. Leider hinterfragen wir Menschen viel zu selten, ob das, was wir für richtig halten, auch das Richtige ist. Doch jeden Tag sind wir in der Lage, etwas zu verändern. Wir müssen es einfach nur tun.

Katrin und ich flogen noch mehrmals nach Bangkok, immer unter einem Vorwand der Familie gegenüber, die wir noch nicht in unsere Pläne eingeweiht hatten. Zu groß war unsere Sorge, dass Katrins Eltern versuchen würden, uns die Sache auszureden. Bald schon bekamen wir die Zusicherung der thailändischen Ämter und des Königshauses, dass wir Vinas nach einigen medizinischen Tests mit nach Deutschland nehmen durften. Doch es dauerte am Ende beinahe ein Jahr und unzählige Reisen nach Bangkok, bis wir unsere Tochter endlich zu uns holen durften.

Mittlerweile war es in Europa Sommer geworden. Die österreichische Großfamilie traf sich übers Wochenende am Attersee. Es war die perfekte Gelegenheit, um endlich allen reinen Wein einzuschenken und ihnen zu erzählen, was wir die vergangenen Monate erlebt hatten.

Als wir am großen Tisch zusammensaßen und das Video abspielten, das unsere Odyssee zeigte, war es totenstill. Niemand sagte ein Wort, alle waren sprachlos. Katrin und ich hatten dichtgehalten und wirklich niemandem von Vinas erzählt. Wir erwischten sie eiskalt.

Es ist nicht so, dass der Krüger nicht für Überraschungen gut ist, das hätten sie eigentlich wissen müssen. Das erste Mal hatte ich die gesamte Meute bei einem Theaterbesuch in der Nähe von München überrascht. Ich war mit *Besuch bei Mr Green* auf Tournee, und die Fehringers hatten sich für den Abend angekündigt. Also entwarf ich einen Plan und rief meinen Freund Michi an.

»Michi«, sagte ich, »ich brauche deine Hilfe. Ich habe sechs Stunden Zeit, um einen Ring, Rosen und einen Smoking mit Fliege zu besorgen.«

Er schaltete sofort. »Krüger, du hast sie nicht mehr alle. So ein Ding kann auch nur dir einfallen.«

An diesem Abend war die Stadthalle im Münchner Vorort bis auf den letzten Platz ausverkauft. Ich kann mich nicht erinnern, dass eine Vorstellung so schnell vorbei war wie diese. Es gibt Abende, da fühlt sich der erste Akt wie *Die unendliche Geschichte* an – aber nicht heute. Der letzte Satz war gesagt, der Vorhang fiel, das Publikum applaudierte mit Standing Ovations. Aber das Beste sollte ja erst noch kommen.

Als der Vorhang wieder aufging, stand ich im Smoking auf der Bühne, natürlich mit Fliege. In der Hand hielt ich einen riesigen Rosenstrauß. Mit einer Geste gab ich dem Publikum zu verstehen, dass sie sich setzen sollten. Dann sagte ich: »Sie sind an einem ganz besonderen Tag hier, liebe Gäste. Sie alle werden Zeugen sein, wenn ich die wunderbarste Frau der Welt auf die Bühne bitte. Liebe Katrin, bitte komm doch mal zu mir.«

Ihre Familie saß mittig in der zweiten Reihe, und die arme Katrin musste sich durch alle Sitze bis zum Gang durchquälen. Sie hatte Tränen in den Augen und hielt sich die Hand vor den Mund. Ich wusste nicht, ob sie weinte oder lachte. Aber jetzt war es sowieso zu spät.

Im Saal war es mucksmäuschenstill. Eintausendzweihundert Zuschauer wurden Zeugen, wie Katrin auf die Bühne kam. Dann kniete ich nieder und hielt um ihre Hand an.

Zu meinem großen Glück sagte sie »Ja«, und das Publikum brach in frenetischen Jubel aus. Mit einem Nein hatte ich ehrlich gesagt gar nicht gerechnet, dafür war in meinem Plan kein Platz gewesen. Das kam mir erst hinterher in den Sinn.

Nun, als wir am Attersee saßen und das Video abspielten, war es genauso still wie vor einigen Monaten im Theater. Warum sagte keiner was?

Als der Film zu Ende war, stand Katrins Vater auf und ging wortlos ins Haus. Meine Schwiegermutter jedoch schlug sich die Hand vor den Mund, wie Katrin im Theater, und rief: »O mein Gott, ist das schön.«

Ich fragte meine Söhne, was sie davon hielten, wenn sie eine Schwester bekämen. Leon erwiderte: »Cool, Dad. Das finde ich echt cool.«

Und so kam es, dass Vinas Teil dieser großen, verrückten österreichisch-deutschen Familie wurde. Ich liebte sie vom ersten Tag an, als wäre sie mein leibliches Kind. Vinas verzauberte uns alle, auch Katrins Vater. Denn selbst wenn er sich am Anfang sträubte: Als Vinas ihm zum ersten Mal in die Augen sah, war es um ihn genauso geschehen wie um mich viele Monate zuvor. Vinas und ihr Opa haben heute eine ganz besondere Beziehung zueinander. Dieses kleine Wesen ist ein Geschenk an die Welt, und es ist eine Freude, dass sie Teil unserer Familie ist.

KAPITEL 14
N47°25'01.1" E12°22'00.0"
KITZBÜHEL, ÖSTERREICH

Vinas veränderte vieles in unserem Leben. Katrin und ich verbrachten mehr Zeit miteinander, um auf unsere Tochter aufzupassen, aber natürlich auch, um unsere eigene kleine Familie zu erleben. Wir vergötterten Vinas, die sich in Deutschland von der ersten Sekunde an pudelwohl zu fühlen schien, und wenn wir anfangs vielleicht geglaubt hatten, ihr Eintritt in unser Leben befriedige unseren Wunsch nach weiteren Kindern, so hatten wir uns getäuscht. Mehr denn je wünschten wir uns, noch mehr Kinder zu bekommen.

Im November 2010 wurde unser Sohn Paul-Luca geboren. Vinas war außer sich vor Freude, und Katrin und ich empfanden tiefste Dankbarkeit. Er war ein fröhliches Kind mit einem Lächeln, das alle verzauberte. Wir erlebten das pure Glück junger Eltern, das aus Schlafmangel und vollen Windeln, aber vor allem aus ungefilterter, reiner Liebe besteht, wie man es sonst selten erlebt.

Ich war nie der Typ, der sich in die Medien drängte. Ich glaube, das hängt mit der Trennung meiner Eltern zusammen. Die Art und Weise, wie die Presse sich damals auf uns stürzte, meine Mutter belagerte und anschließend über sie berichtete, hat sich tief in mein Gedächtnis eingebrannt. Auch bei *Gegen den Wind* war ich den Fans und Pressevertretern, wann immer ich konnte, aus dem Weg gegangen. Nun zogen wir uns weitestgehend aus der Öffentlichkeit zurück, denn wir wünschten uns, dass unsere Kinder ohne Kamera im Gesicht aufwuchsen und wir ein möglichst normales Leben führen konnten.

Immer noch hatten wir das Haus in Starnberg, doch wir waren die meiste Zeit unterwegs mit Katrins Eltern, in Kitzbühel, am Attersee, in Italien und Spanien. Meine Frau fühlte sich in Deutschland nicht wohl, vor allem weil die Bindung zu ihrer Familie so eng war, dass eine lange Trennung ohnehin nie infrage kam. Auch in meiner Brust schlägt ein italienisches Herz: Auf meine Familie lasse ich nichts kommen, und Blut ist immer dicker als Wasser. Katrins Familie hatte uns bislang großartig unterstützt, und ich wollte etwas zurückgeben. Dass uns die härteste Prüfung erst noch bevorstand, wussten wir zu diesem Zeitpunkt nicht.

Kann eine Liebe alles überstehen? Früher hätte ich darauf im Brustton der Überzeugung mit »Ja« geantwortet. Heute bin ich älter und auch ein bisschen erfahrener und weiß, wie viel Verständnis, Geduld und Verzicht auf beiden Seiten notwendig ist, wenn eine Beziehung auch den schlimmsten Phasen des Lebens standhalten soll. Manchmal jedoch widerfahren uns Dinge, die wir nicht zu verantworten haben – die das Leben für uns entscheidet und die so groß und so verstörend sind, dass die Liebe daran zerbricht.

Alles begann mit einem wunderbaren Anlass: Paul-Lucas Taufe in den Tiroler Bergen. Familie Fehringer gehört eine Hütte am Berg, die wir kurz zuvor für die Kinder umgebaut hatten. Etwas oberhalb von Kitzbühel gelegen, bot sie eine tolle Aussicht auf den verträumten Ort mit seinen bunten Häusern und den Hahnenkamm. Katrin und ihre Familie verbringen jeden Winter in den Bergen. Auch ich liebe diese Gegend und habe gern in Tirol gelebt. Am meisten mochte ich es, morgens die Skier zu schultern und rauf auf den Berg zu klettern, noch bevor die Skilifte aufmachten. Ganz allein hoch oben auf dem Gipfel zu stehen, die lautlose Stille in mir aufzunehmen und hinunter ins Tal zu schauen, bedeutet pure Freiheit für mich.

An diesem Ort hatten Katrin und ich uns kennengelernt und geheiratet. Hier sollte auch Paul-Luca getauft werden. Kitzbühel selbst ist eine schnuckelige Kleinstadt mit mittelalterlichem Stadtkern und jeder Menge Alpenromantik. An den Fenstern der farbenfrohen Fassaden der Innenstadt hängen Rabatten mit weißen, rosafarbenen und roten Blumen in üppiger Blütenpracht. In den Cafés auf den Straßen sitzen die Gäste im Sommer und genießen ihren Cappuccino, manche ein perlendes Glas Champagner. Dazu reicht man zünftige Brotzeiten wie auf der Alm und Haute Cuisine, denn Kitzbühel ist genau diese Mischung aus traditionell österreichischer Kultur und einem Hauch von Monte Carlo.

Wir luden im Sommer nach Paul-Lucas Geburt die ganze Verwandtschaft und viele Freunde ein, um gemeinsam die Ankunft des neuen Erdenbürgers zu feiern. Damit sämtliche Gäste Platz hatten, mieteten wir ein Hotel. Den ganzen Tag über gab es Programm: ein Kindertheater und eine Spielwiese für die Kleinen, Tanz und Musik für die Großen. In Gemeinschaft wurde lecker gegessen, gespielt, getanzt und gelacht. Ein traumhafter Tag.

Am Abend war Paul-Luca müde, und ich ging mit ihm aufs Zimmer. Katrin saß mit ihren Freundinnen zusammen, die sie selten sah, und ich wollte ihr noch ein paar schöne Stunden ermöglichen. Auf dem Weg ins Zimmer lächelte mich der kleine Mann an und gähnte. Immerhin war es fast zweiundzwanzig Uhr.

Ich legte Paul-Luca ins Bett und setzte mich neben ihn in den Sessel. Als ich sah, wie er sich mühte, die Augen offen zu halten, musste ich lachen. Er wollte noch ein bisschen wach bleiben.

Mein Blick blieb an seinem Gesicht hängen. Er war ein süßes Baby! Behutsam strich ich ihm über den feinen Flaum auf seinem Kopf, ließ meine Finger über die Rundung seiner Wange streichen.

Mein kleiner Sohn schenkte mir ein letztes Lächeln, bevor er einschlief.

Was ein paar Stunden später passierte, kann ich nur als den schlimmsten Albtraum bezeichnen, den ein Mensch zu erleben vermag. Dein geliebtes Kind atmet nicht mehr. Die Panik im Hotel, meine verzweifelten Wiederbelebungsversuche und die Schreie meiner Frau verfolgen mich noch heute jede Nacht. Auch die hoffnungslosen Mienen der Sanitäter und die Worte des Arztes im Krankenhaus, der mit schweren Schritten und gebrochenem Blick auf uns zukam, werde ich nie vergessen: »Wir haben alles getan, was in unserer Macht steht.«

Es war die Nacht vom 9. auf den 10. Juli 2011. Neun Tage zuvor streifte der Halbschatten des Mondes die Erde bei einer partiellen Sonnenfinsternis in der Nähe von Antarktika. Fünf Tage danach vergab das Internationale Olympische Komitee die Winterspiele 2018 an das südkoreanische Pyeongchang. In Cape Canaveral startete die Atlantis zur letzten Space-Shuttle-Mission STS-135. Und Paul-Luca, unser acht Monate alter Sohn, hatte seinen letzten Atemzug gemacht.

Plötzlicher Kindstod. Man liest davon, und plötzlich ist man betroffen. Als Eltern stirbt man mit.

Kein Mensch kann erklären, warum sich Paul-Luca entschied, uns nur so kurz seine Liebe zu schenken und so schnell wieder zu gehen. Viele Fragen bleiben bis heute offen. Viel Schmerz, der nie vergeht. Das Einzige, was bleibt, sind Trauer und Hoffnung, dass wir eines Tages alle wiedervereint auf dieser Wolke da oben sitzen, wo auch meine Tante Giovanna und alle anderen warten, die vor mir gegangen sind.

Es war nicht zu begreifen. Wie konnte ein Kind getauft werden und dann einfach gehen? Was hatte das alles zu bedeuten? Und wer war schuld? Hätten wir etwas anders machen können – oder müssen? Trugen wir die Verantwortung für seinen Tod? Hatten wir zu leichtfertig gelebt, zu selbstverständlich hingenommen, was uns geschenkt worden war? Hätte ich mehr Dankbarkeit zeigen müssen?

Die Welt um uns herum wurde rabenschwarz, stumpf. Autos, die vorbeifuhren, hörte ich nicht, Menschen, die sprachen, waren wie auf stumm geschaltet. Tagelang saß ich nur so da und konnte mich nicht bewegen. Die einfachsten Dinge waren nicht möglich. Essen, trinken, einkaufen gehen. Ich verlor Zeit, ertappte mich zwischen Supermarktregalen und hatte keine Ahnung, was ich hier wollte. Mein Mund weigerte sich zu reden, ich konnte niemanden sehen. Auch weil niemand mit der Situation umzugehen vermochte.

In der Schule oder in Restaurants wurden wir anders angeschaut. Oft wurde es schlagartig still, wenn wir irgendwo auftauchten, als wäre den anderen unsere Anwesenheit unangenehm. Es waren schlimme, schmerzhafte Momente, in denen ich mich noch mehr gestraft fühlte als ohnehin. Bekannte schauten betreten zu Boden, wenn sie uns sahen, oder wechselten gleich die Straßenseite. Andere wiederum klammerten das Thema aus, weil sie es nicht ertrugen, unseren Schmerz mitzuerleben.

Ich verstehe das. Selbst in der Familie saßen wir manchmal nur still zusammen. Die Zeit war, genau wie unsere Herzen, stehen geblieben. Leon, Noah und Vinas waren anhänglich und lieb, aber Katrin und ich konnten in jenen Tagen keine guten Eltern sein. Wir fühlten uns unendlich hilflos und mit der Situation überfordert. Jeder trauert noch dazu auf seine Weise. Während die anderen sich zusammenrotteten, spielten oder sich ablenkten, blieb ich die meiste Zeit für mich. Ich weigerte mich zu akzeptieren und schaute doch jeden Abend wieder in ein leeres Kinderbett.

Bis heute weiß ich nicht, wie ich diese Zeit in meinem Leben überhaupt überstehen konnte. Ohne es zu bemerken, wendete ich mich von Katrin und den Kindern ab. Ich wehrte mich gegen Paul-Lucas Tod. Es konnte nicht wahr sein. Vielleicht war es auch gar nicht wahr. Vielleicht war das alles nur ein schrecklicher Albtraum.

Doch es war kein Albtraum. Es war wie eine nicht enden wollende, finstere Nacht.

Kurz darauf fand die Beerdigung statt. Der Himmel zeigte sich neblig-trüb und weinte mit, während sich meine Beine weigerten, den Anstieg zur Kirche auf dem Berg auf sich zu nehmen. Jeder Schritt war eine Tortur, ein immenser Kraftakt, von dem ich rückblickend nicht mehr weiß, wie ich ihn geschafft habe. Das Gotteshaus selbst war kalt und dunkel. Beim Anblick des winzigen weißen Sargs, der in der Mitte der Sakristei stand, umgeben von weißen Kerzen, die ein Herz bildeten, begann ich haltlos zu zittern.

Viele waren gekommen, um sich von unserem Sohn zu verabschieden und ihn auf seiner letzten Reise zur Grabstätte zu begleiten. Dem Pfarrer, der Paul-Luca wenige Tage zuvor getauft hatte, liefen Tränen aus den Augen, während er die Trauerrede hielt. Was er sagte, hörte ich nicht. Meine Sinne waren wie betäubt, mein Körper auf der Kirchenbank eine bloße Hülle und mein Geist gefüllt mit Leere. *Diesen Tag überstehe ich nicht*, dachte ich bitter.

Aber irgendwie tat ich es doch. Funktionierte. Schaffte es sogar, mich von der Bank hochzurappeln, ein paar Schritte vorwärtszugehen und meine Finger um den Griff des Sargs zu legen, um ihn zu tragen. Wir traten nach draußen ins Freie, schritten durch den Kirchenbogen. Der Regen hatte aufgehört, hielt vielleicht selbst den Atem an, als wir Paul-Luca zu seiner letzten Ruhestätte brachten. Ich trug allein den viel zu leichten, viel zu kleinen Sarg. Katrin lief neben mir, hinter uns ihre Eltern. Je näher wir dem Tor kamen, das zum Friedhof hinaufführte, desto langsamer ging ich. Der Schmerz breitete sich wie ein Flächenbrand in mir aus, wurde unerträglich.

Um Paul-Lucas Grab standen Männer in schwarzen Anzügen. Sie hielten den Kopf gesenkt und kamen auf uns zu. Ich umklammerte den Griff fester, sodass die Knöchel meiner Finger weiß hervortraten. Ich wollte den Sarg, der gleich in der Erde vergraben werden würde, nicht loslassen. Im selben Augenblick riss die Wolkendecke über uns auf, zarte Sonnenstrahlen fielen herab, und zwei Zitronenfalter tanzten durch die Luft und flatterten über den Sarg hinweg.

Katrin sah mich lange an, kein Wort war nötig. Wir erkannten die Falter als Zeichen von Paul-Luca. Er wollte gehen und bat uns, ihn zu lassen. Mühevoll löste ich die schmerzenden Finger vom Griff.

Nach der Beerdigung fuhren Katrin und ich mit Vinas erst nach Lugano, dann flogen wir für einige Wochen in die Staaten. In Kalifornien, unweit von San Diego, gibt es einen Küstenort namens La Jolla, der aus dem Spanischen übersetzt »Juwel« bedeutet. Hier, mit den Füßen im Sand, den Blick aufs glitzernde Meer gerichtet, umgeben von Klippen und duftenden Pinien, tankten wir Kraft, fanden Ruhe und etwas Zuversicht.

Doch die Sprachlosigkeit zwischen Katrin und mir blieb, trotz unzähliger Versuche, unsere Beziehung zu kitten, trotz einer Therapie und vielen, vielen Gesprächen. Jeder von uns fühlte sich allein. Ich kapselte mich ab, verharrte in der Stille und war unfähig, meine Gefühle auszudrücken, da ich mich innerlich taub fühlte. Noch dazu steckten die Gedanken in einer Endlosschleife fest: *Hätten wir etwas anders machen können? Waren wir nicht dankbar genug für unseren kleinen Sohn gewesen? Wieso dürfen einige Kinder erwachsen werden und andere nicht?*

Es war die Hölle. Gleichzeitig drehte sich die Welt einfach weiter, als wäre nichts geschehen. Es war absurd. Die Trauer ließ Katrin und mich auseinandertreiben, wie zwei Satelliten, die aus der Umlaufbahn ihres Planeten geflogen waren.

Paare, die ein Kind verloren haben, schaffen es selten zusammenzubleiben. Das wusste ich. Man kann nicht gemeinsam um ein verlorenes Leben trauern. Während ich mich zurückzog, ließ sich Katrin von ihrer Familie und ihren Freundinnen auffangen. Das war ein Problem, denn wir teilten uns einander nicht mit, und eine Umarmung hätte mehr gesagt als tausend Worte.

Ich wusste, dass unser Leben nie wieder so sein würde, wie es einmal gewesen war. Nichts kann dich auf einen solchen Schicksalsschlag vorbereiten. Es gibt keine Methode und keinen Trick, den du anwenden kannst, um einen schnellen Weg herauszufinden. Kein Gefühl regte sich in mir, ich war leer und kalt und dunkel, genau wie die Kirche, in der wir Paul-Luca die letzte Ehre erwiesen hatten.

Wenn es so dunkel ist, dass man nichts mehr erkennen kann, glaubt man irgendwann nicht mehr daran, dass es wieder hell werden wird. Weder meine Ehe noch mein Job noch mein Leben spendeten mir irgendeinen Trost.

Ein paar Wochen später stürzte ich mich trotzdem wieder in die Arbeit, hängte mich in Dreharbeiten und Theatertourneen rein, als wäre es das Letzte, was ich noch tun konnte. Die Arbeit kam mir wie das Einzige vor, das mich vor dem tiefen Fall in den Abgrund bewahrte. Ich funktionierte wie ein Roboter und sah mir gleichzeitig von außen dabei zu.

Meine Freunde und meine Familie verstanden mich nicht. »Wie kannst du so viel arbeiten und so wenig schlafen?«, fragte mich ein Bekannter eines Tages, doch unter seiner Frage lauerte eine andere: Wie kannst du dieses Schicksal einfach wegstecken und weitermachen? Ich weiß, ich war einigen zu dieser Zeit unheimlich. Aber jeder trauert auf seine Weise – und ich ließ niemanden an mich heran. Es wurde stiller um mich, als ich ertragen konnte. Ich vermochte niemandem zu sagen, wie es mir ging. Dass ich keine Kraft mehr hatte. Doch ich durfte nicht schwach sein. Ich wurde gebraucht. Meine Familie, meine Kinder, die Filmproduktion, die Kollegen – alle verließen sich auf mich. Ich konnte mich nicht gehen lassen. Ich musste durchhalten. Manchmal wünschte ich mir, einfach umzufallen. Doch Aufgeben war keine Option.

Wenn ich heute über die Zeit nachdenke, fühlt es sich an, als wäre es ein anderes Leben gewesen. Eine andere Person, die mir ihre Geschichte erzählt. Ich sehe die Bilder, kann mir aber nicht vorstellen, dass es mein Leben gewesen ist.

Keiner erkannte, dass ich am Ende war. Ich bin ehrgeizig und war mein Leben lang in einer guten körperlichen Verfassung, also machte ich einfach weiter: arbeitete, schlief, arbeitete, schlief, jeden Tag, jede Woche, jeden Monat. Die Zeiten, in denen ich nicht arbeitete oder schlief, verbrachte ich mit meinem Freund, dem Alkohol. Nur er war in der Lage, mich zu trösten, meine unendliche Trauer wenigstens für eine kurze Zeit zu lindern.

Ich trank jeden Tag, und zwar weit mehr als das berühmte Glas Wein, das angeblich gut für die Gesundheit ist. Ich trank mehr, als ein normaler Mensch vertragen würde. Vier, manchmal fünf Flaschen Wein am Tag. Irgendwann war ich nur noch arbeitsfähig, wenn ich einen gewissen Pegel erreicht hatte. Dann war ich konzentriert, ruhig und entspannt. Von außen bemerkte niemand, wie es um mich bestellt war, denn überraschenderweise merkte man mir meine Sucht nicht an. Im Inneren sah es aber ganz anders aus.

Als ich einige Jahre später in die Klinik kam und der betreuende Arzt meine Blutwerte las, sagte er zu mir: »Es ist ein Wunder, dass Sie noch am Leben sind.«

Vielleicht hätte ich ihm damals entgegnen sollen: »Ich bin nicht am Leben.« Denn vieles in mir war mit meinem kleinen Sohn gestorben.

KAPITEL 15
N59°19'30.4" E18°04'15.9"
STOCKHOLM, SCHWEDEN

Ich blickte auf den Schärengarten südlich von Stockholm. Die Sonne ließ die Wellen glänzen, in der Ferne ragten kleine Inseln aus dem Wasser. Hinter mir erstreckte sich ein Kiefernwald, in Sichtweite erhoben sich die Klippen. Ich war weit und breit die einzige Menschenseele. Wie schön die Welt doch war. Für einen Moment waren alle Sorgen und Ängste verflogen. Ich blieb am Ufer sitzen, bis die Sonne unterging und die einsamen Inseln in der Dunkelheit verschwanden.

Es war Sommer, und ich war als männliche Hauptrolle in einem Film fürs ZDF gebucht, *Vier Frauen und die Liebe*. Die Situation zu Hause war so schwer zu ertragen gewesen, dass ich früher nach Stockholm geflogen war, ein Auto gemietet hatte und ziellos gen Süden gefahren war, getrieben von meinen Gedanken und den letzten Gesprächen zwischen Katrin und mir. Der Tod von Paul-Luca lag einige Zeit zurück, doch noch immer hatten wir unser Gefühl füreinander nicht wiedergefunden.

Zurück in Stockholm, nahm ich ein Zimmer. Vor dem Hotel befand sich ein Fischrestaurant, in dem ich am nächsten Abend aß.

Um meiner kreisenden Gedanken Herr zu werden, trank ich Wein und schrieb alles, was mir in den Sinn kam, in ein Notizbuch. Die Wörter flossen aus mir heraus, als hätte ich eine geheime Quelle angezapft. Ich schrieb wie ein Wahnsinniger.

»Wenn das Buch fertig ist, muss ich es unbedingt lesen«, sagte die Bedienung, die die zweite Flasche Wein neben mir abstellte. Ich nickte, schrieb und trank weiter.

Auf dem Weg zum Drehort, drei Stunden von Stockholm entfernt, kaufte ich einen Vorrat an Wein. In Schweden kann man Alkohol nur im Restaurant, in Bars oder dem *Systembolaget* erwerben, einem staatlichen Geschäft. Kioske, Tankstellen und Supermärkte verkaufen nichts beziehungsweise nur Bier mit maximal 3,5 Volumenprozent Alkohol. Aber ich brauchte mehr, damit die Hände nicht zitterten und meine Konzentration den Anforderungen der Arbeit standhielt. Also packte ich den Kofferraum voll mit Weinkisten, zahlte ein halbes Vermögen und fuhr zum Set.

Die Geschichte des Films war so einfach wie romantisch: Eine Architektin fährt mit Schwester und Freundin aufs schwedische Land, um ihre Ziehtante zu treffen, unterwegs begegnet sie einem Mann mit Autopanne. Nach einigen Irrungen und Wirrungen verlieben sie sich und werden glücklich bis an ihr Lebensende.

Es überrascht mich immer wieder, welchen Geschichten man im Fernsehen Glauben schenkt – im Leben würden die meisten davon anders ausgehen. Zumindest sind mir noch nicht viele Menschen begegnet, die ihre große Liebe in der skandinavischen Pampa bei einer Autopanne kennenlernten. Und sich dann, allen widersprüchlichen Gefühlen zum Trotz, auf sie einließen. Im Film wissen die Figuren immer, was sie wollen. In der Realität habe ich häufig den Eindruck, dass wir alles Mögliche wollen, aber nicht das, was richtig ist. Unser innerer Kompass, der uns zeigt, was gut für uns ist, funktioniert oft nicht. Selbst wenn wir jemanden lieben, heißt das noch lange nicht, dass wir mit ihm glücklich werden. Unser Verstand, die Moral, die Konventionen grätschen dazwischen und beeinflussen uns. So lernen wir, unserer inneren

Stimme nicht mehr zuzuhören. Wir verlernen es regelrecht. Unser innerer Kompass kann ausschlagen, so viel er will, wir ignorieren ihn einfach, weil unser Verstand lauter ist. Es fällt schwer, sich das einzugestehen: dass man nicht immer das Beste für sich getan hat, sondern nur funktioniert hat, um es den anderen recht zu machen. Auch mir fiel es lange Zeit leichter, auf die anderen zu hören, statt an das zu glauben, was ich empfand und dachte. Das ist der Grund, warum ich immer wieder dieselben Fehler machte und so oft gegen die Wand lief, bis ich es endlich verstand: Ich bin wichtig. Meine innere Stimme zählt. Nur darauf kommt es am Ende des Tages an.

In Schweden sind die Tage im Sommer sehr lang. Wir drehten auf dem Land, unser Motiv war ein wunderschönes rotes Holzhaus mit weißen Giebeln – der Inbegriff des skandinavischen Lebensgefühls.

Beim Film findet am ersten Tag ein Meeting statt, bei dem sich alle Beteiligten vorstellen. Man spricht mit dem Regisseur und den einzelnen Departments, begrüßt alte Bekannte, lernt neue kennen, der Produzent hält eine Rede, und alle freuen sich, dass es bald losgeht. Während eines Drehs wächst man für eine bestimmte Zeit zusammen wie eine Familie und liegt sich am Ende nicht selten heulend in den Armen, einander beteuernd, dass man bald wieder voneinander hören wird, was jedoch so gut wie nie vorkommt.

Bei diesem Meeting fühlte ich mich außen vor. Ich kannte dieses Gefühl mittlerweile durchaus, doch dieses Mal war es anderer Natur, und es fiel mir schwer, damit umzugehen. Alle wussten, was mit Paul-Luca geschehen war, und die meisten versuchten, ihre Anteilnahme zu verbergen und so zu tun, als wäre nichts passiert. Das ist ein merkwürdiger Zustand: Zwar weiß jeder Bescheid, aber niemand spricht es an. Als wenn ein riesiger rosafarbener Elefant im Raum stünde, aber jeder tut so, als wäre er nicht da.

Am nächsten Tag war die Leseprobe, bei der sich Darsteller und Regie trafen, um das Manuskript einmal laut vorzulesen. Ich stand gerade mit einigen anderen zusammen und erzählte eine launige Anekdote von einem meiner Drehs im Indischen Ozean, bei dem ich aufgrund der heftigen Strömung beinahe abgetrieben wäre, wenn mich ein einheimischer Fischer nicht rechtzeitig aus dem Wasser gezogen hätte. Plötzlich drehte sich eine der Schauspielerinnen, der ich bis zu diesem Tag noch nie begegnet war, um und sah mir direkt in die Augen. Sie lächelte auf eine Art und Weise, die mir unendlich vertraut war, sagte: »Da sind Sie ja, Herr Krüger«, drehte sich um und ging davon.

Ich weiß nicht, was sie in mir ausgelöst hatte, aber das Gefühl ließ mich nicht mehr los. Am Abend des ersten Drehtages saß ich auf dem Fensterbrett meines Hotelzimmers und überlegte, was dieses Gefühl war.

Seitdem Paul-Luca gestorben war, sahen mich alle Menschen, die davon wussten, mit einem anderen Blick an. Das Schicksal meines Sohnes, so eng mit dem meinen verknüpft, schien sie zu verunsichern. Die Gespräche dauerten nicht mehr lange und kreisten nur um oberflächliche Themen, beinahe als befürchteten die Leute, ich würde anfangen, von Paul-Luca zu erzählen. Jede Leichtigkeit war durch seinen Tod dahin. Die wenigsten schauten mir auch wirklich in die Augen, meistens wanderte ihr Blick nach unten oder an meinem Gesicht vorbei, wenn sie mir die Hand gaben oder mir auf die Schulter klopften. Vermutlich war mir der offene, direkte Blick der Kollegin deshalb vorgekommen, als blickte sie auf den Grund meiner Seele.

Ich verließ den Platz am Fenster und betrachtete mich im Spiegel. Der Mann, dem ich mich gegenübersah, wirkte müde und abgeschlagen. Ich erkannte eine Leere in meinen blauen Augen. Sie waren umhüllt von einem weißen trüben Schleier, so schien es. Je länger ich in den Spiegel blickte, desto mehr löste sich mein Gesicht auf.

Dann fing ich endlich an zu weinen.

Einige Tage später saß ich auf der Bank vor dem Haus, das Drehbuch in der Hand, um die nächsten Szenen durchzugehen. Der Set-Aufnahmeleiter kam um die Ecke und drückte mir ein paar ausgedruckte Blätter in die Hand.

»Hier, es gibt ein paar Textänderungen.«

»Okay.« Ich nahm die Papiere entgegen.

»In zehn Minuten geht es weiter«, sagte der Set-Aufnahmeleiter. »Im ersten Stock im Kinderzimmer.«

Im Kinderzimmer? Im Drehbuch gab es kein Kinderzimmer. Meine Kehle zog sich zu, ich hatte das Gefühl, keine Luft zu bekommen.

»Das Baby ist auch schon da«, sagte er im Davongehen.

Ich erstarrte. »Welches Baby?« Ja, da stand ein Baby im Drehbuch. Aber ich war davon ausgegangen, dass es sich um eine Puppe handeln würde, die ich in meiner Rolle zudecken sollte. Kein echtes Baby.

Mit wackligen Beinen erhob ich mich von der Bank. Das Herz schlug mir bis zum Hals, meine Hände fingen unkontrolliert an zu zittern. Sollte ich mich weigern, die Szene zu spielen? Ich könnte es versuchen. Es darauf ankommen lassen, ungeachtet des Risikos, dass wir abbrechen müssten. Konnte ich das meinen Kollegen antun? Und fast noch wichtiger: Konnte ich das mir antun? Ich wollte nicht als egoistisch gelten, als prätentiös oder eingebildet. Und ich wollte nicht, dass sich die anderen meinetwegen Umstände machten. Die Szene war ja schon eingerichtet, alle warteten auf mich. Würde ich mich weigern, müssten sie das Set in einem anderen Raum aufbauen, und wir würden einen ganzen Nachmittag verlieren.

»Du schaffst das«, sprach ich mir durch zusammengepresste Zähne Mut zu. »Reiß dich gefälligst zusammen.« Ich stand da, das Drehbuch unter den Arm geklemmt, vor dem Schwedenhaus in der schönsten Sommeridylle, und beobachtete meine immer noch zitternden Hände.

»Herr Krüger.«

Ich fuhr herum und sah mich der Kollegin vom ersten Abend gegenüber, die mich erneut mit diesem unbefangenen Lächeln und ihrem durchdringenden Blick musterte.

»Wir kennen uns nicht«, sagte sie leise, »aber darf ich etwas Ehrliches sagen?«

Ich nickte, vollkommen unfähig, mich zu artikulieren.

Sie sah mich eindringlich an. »Wenn du so weitermachst, stirbst du.«

»Wir steigen ein! Alles ans Set«, rief die Set-Aufnahmeleitung.

Die Kollegin stand immer noch vor mir, blickte mir unverwandt in die Augen und sagte nichts weiter. Kurz ergriff sie meine Hand, drückte sie und lief davon.

»Herr Krüger, bitte!« Ich schluckte, als der Set-Aufnahmeleiter um die Ecke bog, und zwang meine Beine dazu, ihm ins Obergeschoss des Schwedenhauses zu folgen.

Was um Himmels willen war das gerade gewesen? Welche geheimnisvolle Fähigkeit besaß die Kollegin? Warum konnte sie in mich hineinsehen, als hätte sie einen Röntgenblick? Ich kam mir vor wie ein offenes Buch, in dem sie ungestört blättern konnte. Und dabei gab ich mir doch die größte Mühe, meinen seelischen Zustand nicht allzu öffentlich zu machen. War es wirklich so schlecht um mich bestellt?

Ich riss mich los und folgte dem Set-Aufnahmeleiter ins Obergeschoss des Hauses und in das Kinderzimmer. Der Regisseur bat alle, die nicht unbedingt gebraucht wurden, das Zimmer zu verlassen. Übrig blieben vier Personen: der Regisseur, eine der weiblichen Hauptrollen, ein Säugling und ich.

Mein Blick fiel auf das Kinderbettchen. Das Baby lag friedlich da und nuckelte an seinem Schnuller. Das Herz in meiner Brust raste. Gleich würde ich zusammenbrechen. *Es ist nicht Paul-Luca*, sagte ich mir wie ein Mantra.

Der Regisseur und die Kollegin sahen mich an. Auch sie wussten, natürlich, was meiner Familie widerfahren war. Doch sie waren feinfühlig genug, das Thema nicht anzusprechen – vor allem nicht in dieser Situation! Stattdessen nickte der Regisseur entschieden, als wollte er sagen: Lass es uns einfach schnell drehen, dann haben wir es im Kasten.

Ich kam mir vor, als würde ich mit geschlossenen Augen in einem zu großen Wagen in eine zu enge Gasse fahren und hoffen, dass ich mir keine Schrammen holte. Und während die eine Stimme in meinem Kopf darum flehte, dass bitte alles gut werden würde, schlug die andere einen vernünftigen Ton an: *Es ist nicht dein Sohn, sondern irgendein anderes Kind. Ein netter kleiner Kerl. Er hat nichts mit dir zu tun.*

»Dann fangen wir mal an«, sagte der Regisseur.

Die Szene startete. Ich nahm in gefühlter Zeitlupe das Kind auf den Arm, legte es mit roboterhaft gehorchenden Armen zurück in sein Bettchen und deckte es zu. Zu allem Elend mimte ich im Dialog mit meiner Schauspielkollegin auch noch einen Mann, der vor seiner Vergangenheit weggelaufen war.

Meine Knie wurden weich. Die Szene fühlte sich für mich fürchterlich an, denn sie war so entlarvend und rücksichtslos, dass es fast nicht zu ertragen war. Mit einem Mal fühlte ich mich schrecklich einsam und allein, und ich spürte, wie mir die Tränen in die Augen stiegen. Paul-Luca war tot. Leon und Noah wuchsen bei ihrer Mutter auf. Vinas lebte bei Katrin, aber ich bekam sie aufgrund meiner Herumreiserei nur selten zu Gesicht. Natürlich, ja, meine Kinder und ich sahen uns in den Ferien, waren Skifahren oder am Strand, unternahmen Städtetouren, verbrachten Zeit miteinander. Aber im Grunde hatten sie doch ihr eigenes Leben bei Petra und Katrin, während ich durch die Weltgeschichte reiste und die meiste Zeit allein war.

Was machst du bloß hier?, fragte ich mich in dieser Sekunde. Die Kamera lief weiter, ungeachtet der Tränen, die über mein Gesicht rannen. Du solltest bei deinen Kindern sein, sie fest in den Arm nehmen und nie wieder loslassen.

Glücklicherweise mussten wir die Szene nicht oft wiederholen – ich weiß nicht, wie lange ich es in dem Kinderzimmer noch ausgehalten hätte. Es kam mir vor, als wäre ein Schleier von meinem Gesicht genommen worden, als würde ich plötzlich sehen, was vorher im Verborgenen gewesen war: Ich war am Ende. Es ging nicht mehr weiter. Nicht nur mit meinem Versuch, alles irgendwie wegzulächeln und mich in mich selbst zurückzuziehen. Sondern vor allem mit dem Alkohol. Ich war, das gestand ich mir an diesem Abend ein, schwer abhängig. Die Kollegin hatte recht: Ich würde sterben, wenn ich nicht bald die Reißleine zog.

Dass sie mich durchschaut hatte, auf den ersten Blick, dass sie sofort erkannt hatte, wie viel ich trank, erschütterte mich bis in meine Grundfesten. Natürlich hatte es vorher schon andere Leute gegeben, die wussten, wie es um mich bestellt war. Die Maskenbildnerinnen, die sich alle Mühe gaben, mich morgens wiederherzustellen. Mein Fahrer beim *Forsthaus Falkenau*, der mich häufig noch nicht vollständig ausgenüchtert zu Hause abholte und an den Drehort fuhr. Das alles waren meine heimlichen Vertrauten, meine *partners in crime*, wenn man so will. Doch von einer Fremden so schonungslos entlarvt zu werden, löste etwas in mir aus.

Erst später sollte ich erfahren, dass diese Kollegin einige Jahre zuvor an demselben Punkt gestanden hatte. Erst nach einer Entziehungskur und absoluter Abstinenz seitdem hatte sie ihr Leben wieder in den Griff bekommen. Sie hatte mich erkannt.

Während ich da so saß und über diese zufällige Begegnung nachdachte, von der ich spürte, dass sie mein Schicksal verändern würde, kam mir das Zitat des englischen Dichters John Donne in den Sinn: »Niemand ist eine Insel, in sich ganz; jeder Mensch ist ein Stück des Kontinents, ein Teil des Festlandes.«[17]

Für eine lange Zeit hatte ich das Gefühl gehabt, eine einsame Insel in einem unendlichen Ozean zu sein. Doch die Begegnung mit der Kollegin hatte mir gezeigt: Du bist nicht allein. Du bist Teil von etwas Größerem. Und das verlieh mir Mut.

Natürlich hatte ich fürchterliche Angst vor der Ernüchterung. Was würde ich sehen, fühlen, denken, wenn ich meine Sinne nicht mehr betäuben würde? War ich überhaupt bereit, die Dinge so wahrzunehmen, wie sie wirklich waren? Ohne Ablenkung, Vernebelung und das süße, gnädige Gift des Alkohols? War ich in der Lage, mein Leben nüchtern zu ertragen? Wäre es noch lebenswert? Was würde kommen und die Lücke füllen, wenn ich mich dazu entschied, mit dem Trinken aufzuhören? War ich bereit, jemandem zu vertrauen, der mir sagte: »Ich sehe dich«?

Damals ahnte ich bereits, dass der Weg in ein suchtfreies Leben die größte Herausforderung überhaupt werden würde. Es ist so leicht, zurück in alte Muster zu fallen, und bis heute habe ich Momente, da trauere ich dem Alkohol hinterher, meinem besten Freund, meiner heimlichen Geliebten. Jeden Tag gibt es tausend Gründe, mit dem Trinken wieder anzufangen – aber glücklicherweise tausendundeinen Grund, es nicht zu tun.

Doch bis dahin war es ein langer Weg. Ich musste viele Hindernisse überwinden, Gefahren umgehen, Schwächen erkennen und Niederlagen einstecken. Zunächst einmal vertraute ich mich der Kollegin an und berichtete ihr schonungslos von meinem Zustand. Sie redete mir ins Gewissen, machte mir klar, dass ich nicht mehr lange zu leben hätte, wenn ich mit meinem Körper auf diese Weise weiterhin Raubbau betrieb. Wir sprachen oft über den Entzug, ihren, der bereits vergangen war, und meinen, der mir noch bevorstand.

Als ich nach den Wochen des Drehs zurück im Flieger nach Frankfurt saß und die Flugbegleiterin mich fragte, ob ich ein Bier oder einen Wein trinken wolle, sagte ich: »Nein, danke.«

Ich würde mit dem Trinken aufhören. Und zwar jetzt. Es war das Jahr 2012. Felix Baumgartner sprang mit einem Fallschirm aus der Stratosphäre auf die Erde. Die Akademie in Oslo verlieh der Europäischen Union den Friedensnobelpreis. Barack Obama wurde zum zweiten Mal ins Weiße Haus gewählt. Und ich wollte keine Minute länger warten.

KAPITEL 16
N50°06′29.1″ E8°41′15.0″
FRANKFURT, DEUTSCHLAND

Mit unruhigen Beinen saß ich im Wartezimmer der Suchtklinik in Frankfurt am Main, einer altehrwürdigen Jugendstilvilla mit parkähnlichem Anwesen, hohen Mauern und Furcht einflößendem Eisentor. Vom Flughafen aus war ich direkt hierhergefahren, denn ich befürchtete, wenn ich erst nach Hause fahren würde, wäre der Moment vorbei. Und damit die Chance, meinem alten Freund Alkohol ein für alle Mal Lebewohl zu sagen. Ab jetzt gab es keinen Weg zurück. Oder doch?

Wie ich von meiner Kollegin erfahren hatte, war die Warteliste der Klinik lang. Zwei Jahre musste man eigentlich auf einen Platz warten. Obwohl ich wusste, dass ich endlich vom Alkohol loskommen musste, gab es auch eine andere Stimme in mir, die darauf hoffte, dass mich die Klinik heute abweisen würde. *Sie stufen dich bestimmt nicht als Notfall ein*, flüsterte mir die Stimme zu. *Dann hast du zwei Jahre Zeit, um dir das mit dem Entzug noch mal zu überlegen. Sooo viel trinkst du ja auch nicht. Du hast es doch im Griff ...*

Der Perfide an Süchten ist, dass sie dich glauben lassen, du könntest jederzeit damit aufhören. Raucher, die nach Jahren wieder zum Glimmstängel greifen, reden sich selbst ein, dass es ja nur ein paar Züge sind. Ein paar Wochen später rauchen sie wieder eine halbe Packung am Tag oder mehr. Beim Trinken ist es genauso: Man kann nicht »ein bisschen« trinken, wenn man einmal davon abhängig war. Die Sucht, selbst wenn sie dein alltägliches Leben nicht mehr bestimmt, ist nie vorbei. Deswegen spricht man von trockenen Alkoholikern. Man ist und bleibt ein Abhängiger. Für alle Zeiten. Die Stimme im Kopf verharmlost nur, wie schlimm es in Wahrheit um einen steht.

Für Menschen, die noch nie in ihrem Leben von einer Substanz oder einer Sache abhängig waren, ist es vermutlich nicht oder nur schwer verständlich. Aber die Aussicht darauf, die geliebte Droge, sei sie Alkohol, Zigaretten, Shopping oder Sex, nicht mehr konsumieren zu dürfen und das Leben ändern zu müssen, löst unglaubliche Furcht aus. Wie wird es sein, wenn ich nicht mehr maßlos trinken, rauchen, essen, arbeiten und so weiter kann? Mit aller Gewalt bäumt sich die Sucht im Gehirn auf und schüttet massenhaft Hormone aus, die sofort dafür sorgen, dass das Begehren noch größer wird. Vernunft und Ratio haben in diesen Momenten kaum eine Chance; die Gefühle, ausgelöst durch den Hormoncocktail im Hirn, sind einfach stärker.

Doch ich hatte keine andere Wahl. Ich würde mich, das war mir in Schweden klar geworden, eines Tages zu Tode saufen, vorausgesetzt, meine Organe kapitulierten nicht schon vorher.

Trotzdem teilte ich zunächst nur Katrin mit, was ich vorhatte, und tauchte für alle anderen einfach unter. Keiner sollte wissen, wo ich war. Ich brauchte Schutz, ich brauchte Hilfe, keine Ablenkung von außen. Dafür musste ich aber auch Anfragen abblocken, nach Möglichkeit unauffällig. Daher zog ich neben meiner Frau einen Freund ins Vertrauen und bat ihn darum, die Presse in Schach zu halten und die Produktionsfirmen zu beruhigen, falls sie sich wunderten, wo ich abgeblieben sei.

Meiner Ex-Frau Petra und meinen Jungs ließ ich eine kurze Nachricht zukommen: »Es geht mir gut. Macht euch bitte keine Sorgen.

Ich melde mich wieder, wenn ich bereit dazu bin.« Ich konnte mir nicht vorstellen, wie es mir gehen würde, wenn ich so eine Nachricht bekäme. Vermutlich würde ich die Polizei anrufen und eine Entführung melden. Aber einfach so vom Erdboden zu verschwinden, ist nicht meine Art.

Während ich immer noch im Wartezimmer saß, mit zitternden Händen vor Angst und als Entzugserscheinung, wanderte mein Blick zur Ausgangstür. *Du kannst immer noch gehen*, raunte mir die Stimme im Kopf zu. *Dann tust du so, als wäre nichts geschehen, und machst mit deinem Leben weiter.*

Je länger sich die Wartezeit hinzog, desto mehr wippten meine Beine. Auch meine Hände waren inzwischen feucht. Ich wischte sie an der Hose ab.

Wenigstens saß ich noch auf dem Stuhl. Ein anderer Wartender, ein Mann in Cordhose, Hemd, zerknittertem Sakko und Fliege, lief unruhig im Zimmer auf und ab und sprach mit sich selbst – oder der Stimme in seinem Kopf. Seine Halbschuhe quietschten auf dem Boden. Eine Hand hatte der Mann in die Hosentasche gesteckt, mit der anderen gestikulierte er wie ein Professor bei einer Vorlesung.

Plötzlich drehte er sich zu mir um. »Ich sollte eigentlich gar nicht hier sein. Wie bin ich hierhergekommen? Ich habe es vergessen.« Bevor ich etwas entgegnen konnte, drehte er sich weg und marschierte wieder auf und ab.

»Herr Kahl? Würden Sie bitte mitkommen?« Eine Ärztin erschien im Wartezimmer und rief den »Professor« zu sich.

Dieser drehte sich zu mir um, klatschte in die Hände und verbeugte sich tief. »Vielen Dank, verehrtes Publikum, für Ihre Aufmerksamkeit.«

Danach verschwand er mit der Ärztin hinter der Tür, und ich war allein.

Wo bist du nur gelandet? Mein Mund wurde trocken. Mein Puls fing an zu rasen. Ich fühlte mich elend, hatte Schwierigkeiten, Luft zu bekommen, und zitterte jetzt sogar an Armen und Beinen. Waren dies die Entzugserscheinungen, oder war es die Angst vor dem Unvermeidlichen?

Die Tür ging auf, und ein Mann im weißen Kittel stand in der Tür. Er lächelte mir freundlich zu. Ich war an der Reihe.

Als ich aufstehen wollte, streikten meine Beine. Jeder Muskel schmerzte. Ich rappelte mich irgendwie trotzdem hoch, stützte mich an der Stuhllehne ab und folgte dem Arzt in ein Behandlungszimmer, dort nahm er mir Blut ab, maß meinen Puls und meinen Blutdruck. Währenddessen stellte er Fragen über Fragen. Wie viel ich trank, was ich trank, wie häufig, seit wann, in welchen Situationen ...

Es war erniedrigend.

Eine gute halbe Stunde später lagen die Blutergebnisse vor. Ich saß mit gesenktem Kopf auf der Behandlungsliege, gebrochen und beschämt in meiner Hauptrolle als Säufer. Meine Finger, Augenlider, Zunge – fast jede Körperzelle brannte, und ich fühlte mich zweihundert Jahre alt.

Der Arzt studierte die Tabelle. Aus dem Augenwinkel sah ich, dass sich seine Augenbrauen zusammenzogen und er die Stirn runzelte. »Mit diesen Werten müssten Sie schon längst unter der Erde liegen.«

Wie auf Kommando verdoppelten sich meine Gliederschmerzen, ich stöhnte auf. Es war mir alles zu viel. »Helfen Sie mir. Bitte.«

Der Arzt sah mich prüfend an, nickte. »Keine Sorge. Ich lasse Sie auf keinen Fall hier raus.«

Egal, wie viel Angst ich vorher gehabt hatte: Mir wurde schlagartig bewusst, dass die Klinik meine letzte Rettung war.

»Was ist mit der Warteliste?«, brachte ich heraus.

Er schüttelte den Kopf. »So lange haben Sie nicht mehr. Ich geben Ihnen jetzt erst mal etwas gegen die Entzugserscheinungen.«

Ich lächelte schief. »Ein Glas Whiskey würde es tun.«

Er lachte auf, verstummte jedoch sofort wieder und sah mich eindringlich an. In diesem Moment wusste ich, dass ein langer, schmerzhafter Weg vor mir lag. Wie schmerzhaft, konnte ich zu diesem Zeitpunkt jedoch nicht einmal ahnen.

Bei einem Entzug springst du ins kälteste aller Gewässer. Und das nicht nur einmal, sondern immer wieder. Bei jedem Sprung stehst du da und fragst dich, wie unerbittlich kalt und dunkel das Wasser diesmal sein wird. Schaffst du es, an der Oberfläche zu bleiben, oder zieht es dich in die Tiefe? Du kannst es nicht wissen. Je schneller du aber die Ungewissheit akzeptierst, desto leichter wird dir der Sprung irgendwann fallen. Eines Tages gibt es dann keine Überwindung mehr. Denn du weißt, das Wasser ist immer dunkel und kalt – aber du hast gelernt, wie du auf der Oberfläche schweben kannst. Du lässt dich treiben, kannst alles wahrnehmen. Alle Sinne sind wach, der Verstand ist klar. Es kann dir nichts passieren, nichts hält dich vom Schweben ab. Dann erkennst du plötzlich, wozu du wirklich in der Lage bist.

Die Flure, die zur Entzugsstation führten, waren düster und unendlich lang. Comicbilder hingen an den Wänden. Auf einem Werk rangelte Micky Maus mit Silver Surfer, direkt daneben schlängelte sich eine Schlange um das Haus von Donald Duck. Ich kam mir vor wie in einem endlosen, surrealen Tunnel, der von Figuren aus fernen Kindertagen flankiert wurde. Winnie Puuh und Frankenstein, es war zum Gruseln. Vielleicht war ich ja wie Alice durch ein Loch in der Erde in ein merkwürdiges Wunderland gefallen.

Als wir den Flur hinter uns gelassen hatten, überkam mich ein seltsames Gefühl. Mit einem Mal fühlte ich mich leicht, schwebend und nahm alles wie durch Watte war. Da begriff ich, dass die Spritzen endlich wirkten, und beruhigte mich.

Die Schwester, die vor mir herlief, sagte: »Auf dieser Station ist die Jugendpsychiatrie. Wir müssen noch einen Stock höher.«

Die Angst flammte erneut in mir auf. Psychiatrie ... so weit war es also mit mir gekommen. Ich war erfüllt von Sorge, wie meine nächsten Wochen aussehen würden. Wie würde ich reagieren, wenn jemand mitbekam, wo ich war? Was würde meine Familie sagen? Vor allem ein Gedanke quälte mich: Wie würde mein Leben aussehen, wenn ich nicht mehr trinken durfte? Wenn mir mein alter Freund keinen Trost mehr spenden konnte? Allein die Vorstellung war fürchterlich. Wie schön wäre es, in diesem Moment am Meer zu sitzen, auf das Wasser zu schauen, ein Glas kalten Weißwein zu trinken und meinen Gedanken nachzuhängen. Dieses wohlige, warme Gefühl der Leichtigkeit ... Würde ich es jemals wieder verspüren?

Auf der Station nahm mich Oberschwester Barbara in Empfang. »Ach, wie schön, ein neuer Gast. Und dann auch noch ein so prominenter. Herzlich willkommen!«

Ich staunte. Wenn man sie so reden hörte, könnte man meinen, ich checkte gerade in ein Fünfsternehotel ein oder würde nur auf einen Kaffee bei ihr vorbeikommen und nachher wieder gehen. Der Gedanke gefiel mir.

Schwester Barbara erzählte fröhlich: »Die neue Station wurde gerade erst fertiggestellt, Sie sind einer der ersten Patienten. Freuen Sie sich!«

Mir kam alles so surreal vor – beinahe, als stünde ich nicht vor einer Krankenschwester, sondern vor dem verrückten Hutmacher, der mich gleich auf eine Tasse Tee einladen würde. *Was zum Teufel mache ich hier?*, fragte ich mich immer wieder. Noch immer wäre ich am liebsten umgedreht, einfach abgehauen, in die nächste Bar gegangen und hätte mir einen Drink bestellt. Aber ich sagte mir: *Das ist alles nicht schlimm. Du hast es im Griff.*

Schwester Barbara führte mich in ein Zimmer, das in den nächsten Monaten mein Universum werden würde. Es war zehn Quadratmeter groß, hatte ein Fenster zum Innenhof, ein kleines Bad mit Dusche, ein einfaches Bett und einen Tisch. Das Schwesternzimmer lag genau gegenüber – spätestens jetzt würde jedem meiner etwaigen Fluchtversuche ein Riegel vorgeschoben werden.

»Die ersten zweiundsiebzig Stunden sind die schlimmsten«, sagte Schwester Barbara gut gelaunt, »aber danach werden Sie sich schnell viel besser fühlen.«

Dann erklärte sie mir, wie die Therapie aussehen würde: In den ersten Tagen bekäme ich eine Ersatzdroge, ein Opiat, das den körperlichen Entzug abschwäche. Sobald sich meine Blutwerte stabilisiert hätten, würde man das Opiat absetzen und mit der Psychotherapie beginnen, um mich auf mein neues Leben vorzubereiten.

Das klang beinahe schmerzfrei. Opiate machen in der Regel müde, sodass man den ersten Teil des Entzugs im Idealfall mehr oder weniger verschläft.

Leider war das bei mir nicht der Fall. Ich kann mich an keinen anderen Zustand erinnern, in dem die Synapsen in meinem Kopf so knallten wie in der ersten Woche des Entzugs. Ich schrieb Tag und Nacht in mein Notizbuch, zeichnete wie ein Verrückter Bilder wie aus einer düsteren Traumwelt, in denen ich mein halbes Leben verarbeitete. Die Nächte waren kurz, aber umso schmerzhafter, und der körperliche Entzug fühlte sich an wie die Hölle. Die Ärzte erhöhten die Dosis, und ich fand für einige Stunden Erleichterung, während mein Geist übersprudelte. Alles, was mich quälte und sich jahrelang angestaut hatte, fand endlich ein Ventil. Es war befreiend und schockierend zugleich.

Mir wurde klar, dass ich bis zuletzt im »kindlichen Überlebensmodus« in der Welt herumgestolpert war. Immer hatte ich funktioniert, für meine Familie, meinen Vater, meine Mutter. Ich hatte Verantwortung übernommen, selbst dann, als sie zu schwer für mich gewesen war. So war ich erzogen, und so war ich auch vom Wesen her, hatte gar nicht anders gekonnt. Als Kind war es mir wichtig gewesen, meine Eltern nicht zu verärgern und brav zu sein. Es war beinahe grotesk, wie sehr ich mit meinem Vorhaben gescheitert war, vor allem in Anbetracht der Tatsache, dass ich als Junge so oft meiner eigenen Wege ging. Die Fluchten aus dem Toilettenfenster der Schule, die »Auszeiten« von den Skirennen, die vielen, vielen Stunden, die ich allein durch Wald und Stadt streifte.

Doch über allem stand stets der Wunsch, meine Eltern stolz zu machen. Natürlich sind auch sie nur Menschen. Sie machen Fehler, haben Sorgen und Ängste – das wusste ich spätestens, seitdem ich selbst Vater geworden war. Dennoch hatte ich viel zu selten hinterfragt, was meine Eltern mir unbewusst mit auf den Weg gegeben hatten, allem voran ihre Überzeugungen. Erst als meine Kinder auf die Welt kamen, begann ich damit, meine eigene Erziehung Revue passieren zu lassen. Das, woran mein Vater und meine Mutter glaubten, gaben sie ganz natürlich an Malaika und mich weiter – so wie ich das, was ich für richtig hielt, meinen Kindern vorlebte, ungeachtet dessen, ob es für ihre individuellen Leben überhaupt geeignet war. Als Eltern versucht man stets, das Richtige zu tun, und liegt ziemlich oft daneben. Mir fiel es erst jetzt auf, als ich selbst bis zum Hals in Problemen steckte, die ich mir zu allem Überfluss auch noch selbst eingebrockt hatte.

Ich mache niemandem aus meiner Familie Vorwürfe. Denn als Mutter oder Vater ist man in erster Linie eines: Mensch. Und Menschen sind fehlbar.

Mein Vater hatte sich einen Jungen gewünscht, aus dem ein richtiger Kerl werden sollte – ein kleiner Revolverheld. Stattdessen bekam er einen verträumten, der Welt entrückten Jungen, der tat, wonach ihm der Sinn stand.

Meine Schwester wollte einen großen Bruder, der auf sie aufpasste – noch besser eine ältere Schwester, die ihr zeigte, wie das Leben funktioniert. Doch ihr wurde ein kleiner, runder, unbrauchbarer Bruder geschenkt, auf den man ständig ein Auge haben musste.

Auch meine Mutter hätte sich vermutlich ein Kind gewünscht, um das sie sich weniger hätte sorgen müssen, insbesondere dann, als ihr eigenes Leben so völlig unerwartet aus den Fugen geraten war.

Selbst ich hatte mir etwas anderes gewünscht. Einen anwesenden Vater, der stolz auf mich war. Eine starke, unabhängige Mutter, die ihr Leben genoss. Eine große Schwester, die mir den Rücken stärkte.

Wir Menschen haben so viele Erwartungen, an uns und an andere. Aus Erwartungen werden aber allzu schnell Enttäuschungen. Man wendet sich voneinander ab, erzürnt, verärgert, ernüchtert. Und dann hört man auf, miteinander zu reden.

In diesem Moment, als mir bewusst wurde, dass jedes Mitglied meiner Familie auf seine Art vom Leben enttäuscht worden war, konnte ich zum ersten Mal vergeben. Meinem Vater, meiner Mutter, Malaika und auch mir. Keiner von uns hatte es je böse mit dem anderen gemeint. Und doch war es uns nicht gelungen, uns dauerhaft gegenseitig glücklich zu machen.

Von einem Augenblick auf den anderen empfand ich plötzlich großes Verständnis für sie alle. Auch konnte ich ihre Entscheidungen besser nachvollziehen. Jeder gab immer sein Bestes, aber das Leben hat seine eigenen Regeln. Und noch etwas fiel mir auf: Mein halbes Leben hatte ich damit zugebracht, die Erwartungen und Hoffnungen *anderer* zu erfüllen. Dabei war ich gescheitert – auf ganzer Linie. Ich war an einem Punkt angekommen, an dem sich mein Leben in eine andere Richtung entwickeln musste, wenn ich es nicht in Kürze beenden wollte.

Es war Zeit für einen Kurswechsel. Einen entscheidenden Wendepunkt.

Ich taktete die Tage durch. Vom Aufstehen in der Früh bis zum Einschlafen tief in der Nacht schuf ich mir Rituale, die ich wie ein Mantra wiederholte. Aufstehen. Duschen. Zähne putzen. Frühstücken. Lesen. Malen. Schreiben. Mein Alltag lief im Rhythmus gleichförmiger Ereignisse ab, die mir Halt gaben. Jede Bewegung tat ich achtsam, zelebrierte sie. Ich konzentrierte mich immer nur auf eine Sache und führte sie mit allen Sinnen aus. So verging die Zeit in meinem eigenen Tempo, was mir Sicherheit gab. Meine Gedanken kritzelte ich in ein Notizbuch, das neben meinem Bett lag.

Nach dem Frühstück ging es in die Sitzungen und zur Therapie. Ich führte Gespräche mit Psychologen, Ärzten, Beratern, jeden Tag, stundenlang.

Manchmal schaute der Arzt, den ich am ersten Tag kennengelernt hatte, bei mir rein und schüttelte den Kopf. Er konnte immer noch nicht verstehen, wie ein Mensch mit meinen Werten noch am Leben war. Auch wunderte er sich, dass ich trotz der Dosis an Opiaten, die einen Elefanten umgehauen hätten, nur so wenig schlief.

»Sie sind ein bemerkenswerter Fall, Herr Krüger«, murmelte er ein ums andere Mal, bevor er wieder verschwand.

An den Nachmittagen hatte ich frei, meistens verbrachte ich eine halbe Stunde auf dem begrünten Innenhof, auf dem der einzige Baum genauso verloren wirkte, wie ich selbst mich fühlte. Manchmal saß ich am Fenster und beobachtete andere Patienten, allesamt einsame Gestalten.

Nachts, wenn ich im Bett lag und nicht schlafen konnte, hörte ich die Stimmen aus der Psychiatrie, die sich ein Stockwerk unter mir befand, die Schreie der Insassen und die Wehklagen. Gesichter sah ich nie, bis zu jenem Tag, als plötzlich der Feuermelder losging. Es war ein ohrenbetäubender, hässlicher Ton, der mir direkt ins Mark fuhr und meinen Schädel fast dazu brachte, in tausend Teile zu zerspringen. Eine jähe Erinnerung daran, dass es eine Welt außerhalb meiner zehn Quadratmeter gab.

Schwester Barbara kam ins Zimmer gerannt und rief: »Wir müssen jetzt raus an die frische Luft!«

Panisch stolperte ich die Treppen zum Innenhof hinunter. Vor, neben und hinter mir rannten und drängelten sich Pflegepersonal und Patienten, alle wild durcheinander, schrien, jammerten oder weinten. Zugleich schrillte der Alarm weiter durch die Flure. Alle Zeichen standen auf Gefahr. Trotzdem wollte ich nicht raus. In meinem Zimmer war es nicht so chaotisch. Dort fühlte ich mich sicher. In den letzten Wochen hatte ich auch immer nur dieselben Ärzte und Therapeuten gesehen. Nun wurde ich gegen meinen Willen von fremden Händen ins Freie geschoben.

Auf dem Innenhof blieb ich mit pochendem Herzen stehen, ließ die Massen an mir vorbeiströmen und legte den Kopf in den Nacken. Es war ein warmer Tag, die Sonne stand hoch am Himmel. Wolken zogen vorbei wie im Zeitraffer. Ich atmete tief. Blinzelte.

Allmählich wurde es um mich herum leiser. Ich richtete mich wieder gerade auf und betrachtete die Gesichter der anderen Patienten. Hilflos standen die meisten von ihnen da. Wie jung viele waren, beinahe noch Kinder. Waren das die Jugendlichen aus der Psychiatrie?

Niemand sagte mehr ein Wort, allein die Sirene heulte weiter und zerriss mit ihrem Schreien die Luft. Einige Minuten später sammelte das Dienstpersonal die Patienten wieder ein und brachte sie auf ihre Stationen.

In den kommenden Tagen dachte ich darüber nach, wie so junge Menschen, die doch eigentlich das gesamte Leben vor sich hatten, hier landen konnten. Nicht einmal wirklich losgelaufen, wurden sie schon wieder eingeholt und ausgebremst. Dabei trifft es mehr, als wir glauben. Wir sehen sie nur nicht, da sie hinter hohen Mauern wie die von der Klinik in Frankfurt versteckt bleiben.

Frankfurt. Eine Stadt von Hochhäusern, großen Plätzen und der Skyline geprägt. Dreh- und Angelpunkt der internationalen Finanzwelt. Größter Flughafen Deutschlands. Messestadt. Arbeitsstadt. Durchteilt von einem breiten, ruhig dahinfließenden Fluss.

Ich war mittlerweile seit so vielen Wochen in der Klinik, dass ich mir nicht mehr vorstellen konnte, wie sich die Welt vor den Toren anfühlte. Wie würde meine Familie reagieren, wenn ich wieder nach Hause käme? Wie würde sich mein Leben verändern? Würde ich es schaffen, dem Alkohol ein für alle Mal zu entsagen? Die Gefahr, gleich nach der Entlassung wieder in alte Muster zu verfallen, war riesig.

Mir fiel ein, dass es einige Filmproduktionen gab, die in Kürze beginnen würden. Das war alles noch so weit weg – zumindest emotional. Wie sollte ich das schaffen? Wie konnte ich trocken bleiben, wenn ich wieder in mein altes Umfeld zurückkehrte? Das Bier nach Drehschluss. Der Cocktail zur Begrüßung. Der Wein zum Abendessen. In meinem Leben gab es so viele Gelegenheiten, bei denen Alkohol ganz selbstverständlich floss, dass mir angst und bange wurde, wenn ich nur daran dachte. Mein Puls fing wieder an zu rasen, meine Hände zitterten unkontrolliert. Ich bekam keine Luft. Der Weg hierher war so schwer gewesen, und ich hatte um jeden Tag, nein jede Stunde kämpfen müssen. Ich war mir nicht sicher, ob ich schon in der Verfassung war, mich dem Alltag zu stellen und der Versuchung zu widerstehen. Aber ich musste weitermachen, ich hatte mich verpflichtet, hatte Verträge unterschrieben und so weiter. Ich musste funktionieren, abliefern, durfte keine Probleme machen. Gleichzeitig wollte ich nicht, dass irgendjemand mitbekam, was mit mir los war. Vor allem nicht die Presse. Ich wollte doch meine Familie schützen.

Meine Familie. Leon, Noah und Vinas … und das Kind, das wir erwarteten.

Nach dem Tod von Paul-Luca hatte sich für Katrin und mich vieles verändert, und wir hatten uns in unserer Trauer verloren. Eines jedoch war uns sofort klar gewesen: Wir würden noch einmal Eltern werden wollen. Nicht um Paul-Luca zu ersetzen, das wäre niemals möglich. Aber wir wünschten uns ein Geschwisterkind für Vinas. Wir wünschten uns Normalität. Wir wünschten uns unser alltägliches Leben zurück. Ein weiteres Kind war für uns wie ein Signal, dass wir den schlimmsten Moment unseres Lebens verkrafteten. Dass es weiterging. Dass wir dem Tod nicht die Macht gaben, über uns zu bestimmen. Wir hatten die große Hoffnung, dass wir durch ein neues Leben die Trauer überwinden und wieder zu uns und dem Glück finden würden. Es war wie ein Strohhalm, an den wir uns verzweifelt klammerten.

Wenn das eigene Kind stirbt, stellt man alles infrage. Was ist das für ein Leben, das einem acht Monate alten glücklichen Wonneproppen nicht erlaubt, erwachsen zu werden? Das seine Eltern in die Verzweiflung stürzt? Das ihnen untersagt, vor den Söhnen und Töchtern zu sterben? Mein Glaube wurde in dieser Zeit auf eine harte Probe gestellt. Es gab niemanden, den ich für den Tod Paul-Lucas verantwortlich machen konnte – niemanden außer Gott, wenn es ihn denn gab, oder die große, übernatürliche, vielleicht göttliche Macht, an die ich glaube, die jedoch nichts mit der Kirche zu tun hat. Doch was war das für eine Macht, die mir das entriss, was ich am meisten liebte? Vielleicht gab es sie ja doch nicht. Vielleicht war sie – oder dieser Gott – nicht mehr als eine Märchengestalt, die wir Menschen uns erzählen, damit wir unser Leben besser verstehen.

Erst mit der Zeit, als die Trauer so vertraut wurde, dass sie sich nicht mehr wie eine Armada von Rasierklingen anfühlte, die unentwegt in mein Herz schnitt, als sie zu einem Begleiter wurde, der beinahe auch Trost spendete, erst dann wurde mir klar, dass es niemanden gab, den ich zur Verantwortung ziehen konnte. Auch Gott nicht.

Mit der Zeit gelang es mir sogar, dankbar für die acht Monate zu sein, die wir mit Paul-Luca hatten verbringen dürfen. Heute weiß ich, dass sein Tod ein Teil meines Daseins ist und mir in gewisser Weise sogar das Leben gerettet hat. Denn nach diesem schrecklichen Tag in Kitzbühel waren meiner Trinkerei keine Grenzen mehr gesetzt. Ich stürzte ab, fiel in die Unendlichkeit und schlug hart auf dem Boden der Frankfurter Entzugsklinik wieder auf. Ich war am Ende angekommen. Und erst jetzt war ich in der Lage, mich selbst zu retten. Im freien Fall ist es kaum möglich, den Halt wiederzufinden.

Das tiefste, dunkelste und kälteste Tal der Sucht hatte ich nun durchschritten. Es ging aufwärts mit mir – auch wenn der echte Anstieg noch vor mir lag. Und dieser Berg, den ich zu bezwingen hatte, war gewaltig.

Bei einem unserer letzten Gespräche nach etwa zwei Monaten, die ich in der Entzugsklinik verbracht hatte, sagte der Arzt, der mich aufgenommen hatte, zu mir: »Jetzt fängt der harte Teil der Reise an. Da draußen wird alles eine Herausforderung sein. Sie brauchen Ausdauer und Kraft.«

Ich schluckte schwer, und für einen kurzen Moment war ich mir nicht sicher, ob mich der Mut nicht wieder verlassen würde.

»Aber bis hierhin haben Sie es schon mal geschafft«, sagte der Arzt und lächelte. »Wenn es Ihnen gelingt, einen Schritt nach dem anderen zu machen, in Ihrem Tempo, dann gibt es Hoffnung, dass Sie nicht rückfällig werden.«

Ich nickte. Mir kam der Gedanke, wie viel Zeit meines Lebens ich in Restaurants und Bars verbrachte hatte, vor einem Bier, einem Wein, einem Whiskey, auf Filmpremieren, Events, aber auch bei den Abenden zu Hause mit der Familie, bei gutem Essen und einem edlen Tropfen aus dem Weinkeller. So viel Zeit, die es zukünftig zu füllen galt. Was würde ich mit all der Zeit plötzlich anfangen? So ein Tag konnte verdammt lang werden.

Der Arzt lehnte sich ein Stück nach vorn. »Strengen Sie sich an. Ich sage es nicht gern, Herr Krüger, aber Ihre Uhr tickt. Sie werden nicht mehr viele Gelegenheiten bekommen.«

Ich erstarrte. »Wie meinen Sie das?«

Er seufzte tief. »Der jahrelange Alkoholmissbrauch hat Ihre Leber sehr geschädigt. Auch wenn sich Ihre Blutwerte normalisiert haben, müssen Sie verstehen, dass Alkohol wie Gift für Sie ist. Es wird Sie umbringen, vielleicht nicht beim ersten, aber sicher beim zweiten oder dritten Rückfall.«

»Ist es wirklich so schlimm?«, fragte ich, weil ich mir nicht sicher war, ob er übertrieb.

Aber er sah mich ernst an und sagte: »Das ist es. Sie spielen mit Ihrem Leben, wenn Sie wieder mit dem Trinken anfangen. Deswegen hoffe ich inständig, dass wir Sie nie wieder bei uns aufnehmen müssen, Herr Krüger. Nutzen Sie Ihre Chance. Es könnte Ihre letzte sein.«

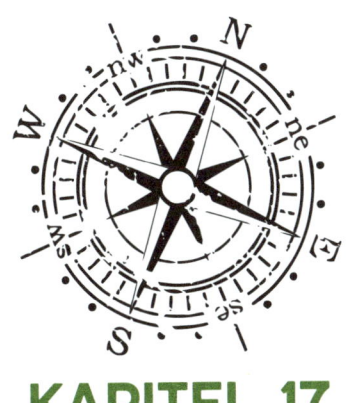

KAPITEL 17

N22°00'49.6" E96°06'31.4"
NA-HI, MYANMAR

Wie jeden Morgen in den frühen Stunden ertönte das sonore Schlagen des Gongs. Ich öffnete die Augen und orientierte mich. Meine Kammer war karg eingerichtet, das Bett, auf dem ich schlief, schmal und hart. Dennoch erfüllte mich mit dem ersten Sonnenstrahl, der auf mein Gesicht fiel, ein tiefes Gefühl der Zufriedenheit und Ruhe, wie so oft, wenn ich auf Reisen bin.

Ich stand auf, wusch mein Gesicht und ging in den Meditationsraum, wo die in rote Gewänder gekleideten, kahl rasierten Mönche bereits im Lotussitz auf dem Boden hockten und sich für das Morgengebet bereit machten. Ich setzte mich in die letzte Reihe und dachte darüber nach, was sie wohl von mir halten mochten. Dieser blasse, abgekämpfte Mann, der sie aufsuchte, um in ihrem kargen Leben das zu finden, was er im Überfluss der westlichen Welt gesucht hatte. Der wieder einmal in die Weite der Welt geflüchtet war, um herauszufinden, wie er zu Hause seinen Alltag bestreiten sollte.

Ich atmete tief ein und aus, schloss die Augen. Die Mönche begannen mit ihrem Gebet, ein eintöniges, halblautes Gemurmel, von dem ich kein Wort verstand. Dennoch wurde es still in mir.

Meine Gedanken beruhigten sich und wanderten zurück zu dem Tag, als ich die Klinik in Frankfurt verlassen hatte.

Das Eisentor, das das Gelände von der normalen Welt trennte, war noch geschlossen, als ich mit meinem Koffer davorstand und mich ein letztes Mal zur Klinik umdrehte. *Jetzt wird sich zeigen, wie stark du wirklich bist.* Ich atmete flach, schaute hinunter auf meine zittrigen Hände und meine zappeligen Beine.

Das Tor ging wie in Zeitlupe auf und gab Stück für Stück den Blick auf die Außenwelt frei. Mein Herz klopfte bis zum Hals. Als das Tor mit einem Krachen stoppte, hob ich den Kopf und erspähte auf der gegenüberliegenden Seite ein Gebäude mit greller Leuchtschrift. *TRINKHALLE.*

Bitte nicht!

Es war geradezu absurd. Meine Beine weigerten sich loszugehen. Mein Blick huschte umher. Die Gedanken im Kopf rauschten. *Geh über die Straße, bestell einen Schnaps und lass dich direkt wieder einweisen. In der Klinik bist du sicher.*

Ich zwang mich loszulaufen, auf die andere Seite. Dann hörte ich hinter mir, wie das Tor mit einem metallenen Krachen zufiel. Einmal mehr wurde mir bewusst, dass kein Sonntagsspaziergang auf mich wartete.

Ich brachte all meine Willenskraft auf, um die Augen vom Schild der Trinkhalle zu lösen, und stolperte vorwärts. Die nächste Prüfung meiner Standhaftigkeit ließ nicht lange auf sich warten. Mein Weg zum Flughafen war von Werbetafeln für Alkohol gesäumt, jedes dritte Haus schien ein Getränkemarkt, eine Bar oder Kneipe zu sein. Im Gastrobereich des Flughafens entdeckte ich Menschen mit einer Flasche Wein auf dem Tisch vor sich oder überdimensional wirkenden Biergläsern, in denen die sattgelbe Flüssigkeit mit der weißen Schaumkrone schwappte. Mir lief das Wasser im Mund zusammen.

Ich floh Hals über Kopf in die Abflughalle, fand zumindest kurz eine Verschnaufpause. Im Flieger selbst roch es wieder nach Alkohol – oder projizierte mein Gehirn selbst diese Gerüche? Die Stunde bis nach München hielt ich durch, indem ich mit zumeist angehaltenem Atem aus dem Fenster blickte. Ich fokussierte mich auf den strahlend blauen Himmel, das Reisen über den Wolken und sprach mir dabei wie ein Mantra zu: *Aller Anfang ist schwer. Konzentriere dich immer auf den nächsten Schritt.*

Endlich am Gepäckband in München angekommen, traute ich meinen Augen nicht. Wollte sich das Schicksal über mich lustig machen? Eine zwei Meter große aufblasbare Bierflasche wurde auf dem Gepäckband an mir vorbeitransportiert. Mich davon abzuwenden, ging diesmal erst recht nicht, denn ich musste nach meinem Koffer greifen, der der Versuchung direkt hinterherfuhr.

Nie zuvor war mir die Allgegenwart von Alkohol so bewusst gewesen wie an diesem Tag. Unsere Gesellschaft funktionierte offenbar nur mit Alkohol. Es war so normal, dass sich keiner darüber Gedanken machte – auch nicht, ob er vielleicht zu viel trank. Mir wurde klar: *Das ist die Welt, in der du auch zukünftig lebst, als Nichttrinker. Als Abstinenzler. Als trockener Alkoholiker.*

War das überhaupt zu ertragen? Würde es mir jemals möglich sein, aus diesem Teufelskreis auszusteigen? Nichts wünschte ich mir mehr.

Ich versuchte, mich auf die positiven Seiten zu konzentrieren. Seitdem ich nicht mehr trank, wachte ich morgens nicht mit einem brummenden Schädel auf, sondern war klar und ausgeschlafen. Ich hatte alles auf dem Schirm, was am Tag vorher passiert war, beklagte keinen Filmriss, keinen Blackout. Und ich hatte meine Energie wiedergefunden, sogar so viel, dass ich plötzlich gar nicht wusste, wohin damit. Aber meine Welt war auch kälter geworden, kantiger, eben nüchterner. Es war, als erlebte ich alles nur noch halbherzig, als würde ich die Welt ohne leichten Schwips nur noch in ihren Grundfarben sehen statt in dem Farbenmeer, das sie eigentlich war.

Doch ich würde von nun an keinen leichten Schwips mehr genießen. Alkohol würde mich nie wieder locker machen, mir meine Unsicherheiten nehmen oder die innere Leere in mir füllen. Auch lange Partynächte und besinnungslose Rauschzustände waren Vergangenheit – nicht, dass ich jemals das *Party Animal* gewesen wäre. Doch ich hatte gern in Gesellschaft getrunken. Leider aber auch ohne Gesellschaft. Und ohne Anlass. Ohne Grund. Ohne Sinn. Und ohne Verstand.

Ich suchte mir ein Taxi, das mich nach Hause brachte. Man kann nicht sagen, dass meine Rückkehr gefeiert wurde. Mehrere Monate war ich weg gewesen. Vinas fremdelte und zeigte sich schüchtern. So jung sie auch war, bemerkte sie immer sehr schnell, wenn etwas nicht stimmte, und reagierte sensibel auf Spannungen zwischen ihrer Mutter und mir.

Katrin indes hatte Mühe, mich in ihren durchgetakteten Alltag als Alleinerziehende zu integrieren. Sie schien überfordert. Hardy war in einer Entzugsklinik gewesen? Ich glaube, ihr war bis zu meiner freiwilligen Einweisung niemals bewusst gewesen, dass ich nicht trank wie alle anderen.

Dennoch versuchte mein Umfeld sein Bestes und nahm viel Rücksicht auf mich. Erst der Tod unseres Sohnes, dann der Entzug … Das Mitleid in ihren Augen zu sehen, traf mich dennoch sehr. Ebenso wie die hilflosen Versuche, etwas Angemessenes zu mir zu sagen.

Zum Glück lenkten mich die Vorbereitungen zur anstehenden Geburt unserer zweiten Tochter ab und zwangen mich dazu, nach vorn zu schauen. In jeder freien Minute kamen jedoch die Schuldgefühle zurück, stapelten sich auf meiner Brust wie Steine und erschwerten es aufzuatmen. Das schlechte Gewissen, meine Familie und vor allem Katrin in dieser Phase unseres Lebens im Stich gelassen zu haben, wog tonnenschwer.

Mein Bewegungsdrang und die innere Unruhe flüsterten mir zu: *Lauf weg.* In den schlimmsten Momenten hetzte ich deshalb davon, raus auf die Straßen Münchens. Doch der vermeintliche Ausweg war trügerisch. Verlockungen lauerten auch hier an jeder Ecke, kreisten mich ein, schnappten nach mir. An jeder Ecke, so kam es mir vor, wurde ich gerufen: »He, Hardy! Da bist du ja wieder. Komm, ich lad dich auf ein Glas ein.« So ging das jeden Tag. Also beschloss ich irgendwann, zu Hause zu bleiben und der Konfrontation mit dem Alkohol so weit wie möglich aus dem Weg zu gehen.

In der Klinik in Frankfurt hatte man mir klargemacht, dass in meinem Fall kein einfacher Entzug ausreichen würde. »Sie denken jetzt vielleicht, Sie haben das Schlimmste überstanden, aber die eigentlichen Prüfungen kommen erst noch«, hatte mir mein Arzt gesagt.

Um in einer Suchttherapie erfolgreich zu sein, ist es notwendig, das gewohnte Umfeld zu meiden. Die Gefahr ist zu groß, in die alten Verhaltensmuster zurückzufallen. Wie mein Arzt in Frankfurt ebenfalls immer sagte: »Das erste Glas ist schnell getrunken.« Sein Rat war, mich immer nur auf die nächsten vierundzwanzig Stunden zu konzentrieren. Schritt für Schritt. »Sollten Sie in Versuchung kommen, sagen Sie sich: *Heute nicht. Vielleicht morgen.* Somit haben Sie eine Wahl und können die Stimmen im Kopf ausschalten.«

Auf ärztliche Empfehlung hin suchte ich mir einen Platz in einer Privatklinik nahe des Drehorts vom *Forsthaus Falkenau* und spielte fortan eine Doppelrolle. Tagsüber lief ich als Revierförster Stefan Leitner durch den Bayerischen Wald, machte mich für Naturschutz stark und legte Wilderern, Umweltsündern und Kriminellen das Handwerk. Nach Drehschluss ging es ohne Umwege in die Klinik. Hier war ich in Sicherheit. Damit das so blieb und niemand von meinem Treiben Wind bekam, weihte ich meinen Assistenten Bayram in die Situation ein und ließ mich auf Schritt und Tritt von ihm begleiten. Er organisierte mein Leben, wenn ich arbeitete, fuhr mich überallhin und sorgte dafür, dass alles von mir fernblieb, was nicht gut für mich war. Er stärkte mich mit seiner Konsequenz, seiner Zuverlässigkeit und seinen optimistischen Worten.

Die Stunden am Set waren eine dankbare Ablenkung, und die Tage flogen nur so vorbei. Doch Anspannung und innere Rastlosigkeit blieben. Ich lachte weniger, war nervöser, distanzierter – was auch der Crew nicht verborgen blieb. Mal davon abgesehen, dass ich jedes einzelne Feierabendbier, das man mir anbot, ausschlug. Kaum war die letzte Klappe gefallen, verfrachtete mich Bayram ins Auto. Er musste viele Fragen über sich ergehen lassen und parierte stets mit dem Standardsatz: »Hardy hat viel zu tun.«

In der Klinik wartete jeden Abend dieselbe Prozedur auf mich: pusten, wie bei der Polizeikontrolle. Jeden zweiten Tag wurden die Blutwerte gecheckt. Hätte ich versucht zu trinken, wäre ich sofort hinausgeflogen. Natürlich war ich nicht gerade begeistert von der Überwachung. Dennoch waren das engmaschige Hilfenetz und der eingeschränkte Bewegungsradius zwingend notwendig.

Denn sie retteten mir das Leben.

Es war an einem Freitag, irgendwo im Bayerischen Wald. Für eine Szene hing ich mit einem Kollegen angeseilt in einem Baum, und wir versuchten, unseres Dialogs in luftiger Höhe und umgeben von zahllosen Ästen Herr zu werden.

Plötzlich rief der Set-Aufnahmeleiter: »Hardy, Telefon!«

Grandioses Timing, hatten wir doch zwanzig Minuten gebraucht, um hier oben fallsicher verzurrt zu werden. »Ich rufe zurück!«, erwiderte ich.

»Das geht nicht«, rief der Set-Aufnahmeleiter. »Es ist wohl dringend.«

Mist! Ich wies Bayram an, das Gespräch entgegenzunehmen. Er sprach kurz ins Telefon, sein Gesicht verzog sich zu einer sorgenvollen Miene. Dann winkte er zu mir hoch. »Das musst du selbst klären, Hardy.«

»Jetzt?«

»Ja, sofort!«

»Schickt mir das Telefon mit dem Seil nach oben. Das geht am schnellsten.«

In den quälenden Minuten, bis das Kunststück gelang, hing ich weiter in den Seilen und dachte über das anstehende Telefonat nach. Dunkle Gedanken bemächtigten sich meiner. Ging es meiner Frau gut? War den Kindern etwas passiert?

Aber es war der Arzt aus der Klinik, in die ich jeden Abend wie in ein Hotel eincheckte. Er klang aufgeregt, als er sagte: »Herr Krüger, kommen Sie sofort zu uns.«

»Das geht nicht. Ich bin in ein paar Stunden wieder bei Ihnen.«

»Nein!«, rief der Arzt so laut, dass mein Kollege die Augenbrauen zusammenzog. »Wir haben Ihre Blutwerte von gestern Abend ausgewertet. Sie stehen kurz vor einem multiplen Organversagen. Bitte, kommen Sie sofort.«

Ich konnte es nicht glauben, denn ich fühlte mich ausnahmsweise einmal gar nicht todgeweiht.

Doch der Arzt insistierte: »Sie schweben in Lebensgefahr.«

Ich schwebte, immerhin das stimmte – wenn auch nur in einer Baumkrone. »Ich bin am Set und kann jetzt nicht einfach weg«, erklärte ich, weil ich immer noch nicht glauben konnte, dass der Arzt mit seinen Bedenken recht hatte. »Kann es nicht noch ein bisschen warten?«

Er schnaufte und sagte dann laut: »Wenn Sie sterben wollen, dann warten Sie. Ansonsten kann ich Ihnen nur empfehlen, auf der Stelle in die Klinik zu kommen.«

Der Vorteil einer Hauptrolle ist, dass man in manchen Situationen etwas mehr Einfluss hat als andere. Ich schob einen Vorwand vor, wünschte jedem ein schönes und erholsames Wochenende und ließ mich von Bayram im Eiltempo in die Notaufnahme fahren.

Dort wurde ich hektisch in ein Bett verfrachtet und an piepsende Maschinen angeschlossen. Noch fand ich die Aufregung etwas übertrieben. Dann jedoch, von einer Sekunde auf die andere, war es, als würde ein Schalter umgelegt. Mir wurde schlecht, und ich bekam kaum noch Luft. Mit letzter Kraft wollte ich Bayram zurufen, dass er Katrin anrufen solle, im Falle, dass …

Dann war ich weg.

Als mein Bewusstsein wieder einsetzte, wusste ich nicht, wo ich war. Ich ahnte, dass etwas passiert sein musste. Alles fühlte sich so anders an. Eigenartig, aber nicht beängstigend. Mein Körper wog nichts mehr. Ich konnte sogar schweben. Und über meinem Kopf war ein warmes, helles Licht, das mich magisch anzog.

Ich wollte dorthin, denn die Nähe dieses Lichts fühlte sich wunderbar an. Während ich so durch den luftleeren Raum flog, kam ich an Bildern aus meinem Leben vorbei. Das war ja ein merkwürdiger Traum. Er kam mir real vor, und ich war mir merkwürdigerweise sicher, mich nach dem Aufwachen noch an diesen Traum erinnern zu können. Ein sanfter, beruhigender Frieden legte sich über mich. In diesem Licht wurde mir klar, dass das Leben im Grunde ganz einfach ist, wir es aber fortwährend kompliziert machen. Wir streben nach Schönheit, Perfektion und Liebe, erkennen jedoch nicht, was alles schon da ist. Ich kam mir vor, als hätte ich ein Leben lang nach einer Antwort gesucht und sie nun bekommen. Es war so einfach, so leicht, ich musste nur auf den hellen Punkt zufliegen. Mein ganzer Körper war erfüllt von Liebe, so groß und wärmend, wie ich sie noch nie erlebt hatte.

Und da war auch Paul-Luca. Mein süßer, glücklicher, lieber Junge, der mich anstrahlte und gluckste, als er mich sah.

Etwas störte jedoch. Am Rande des Kosmos nahm ich aufgeregte Stimmen, verstörende Geräusche und verzerrte Bilder wahr. Die Perspektive wechselte, und ich sah von der Zimmerdecke auf einen verkabelten Mann im Krankenbett hinab.

War das ich? Ja.

Ich erschrak. Und fiel.

In derselben Sekunde wurde meiner Brust ein Schlag versetzt. Mir blieb die Luft weg, ich zuckte zusammen.

Dann drang laut und schrill an meine Ohren: »Wir haben ihn! Er ist wieder da!«

Der fürchterliche Schmerz kam mit voller Wucht zurück, prasselte unbarmherzig auf mich ein. Mein Körper fühlte sich leblos an. *Nein, ich will hier nicht sein!* Alles in mir wollte zurück zu dem

Ort, an dem das Licht nicht so blendend und unerbittlich wie der kalte Schein der Neonröhre war. Es roch intensiv, nach Krankheit und Desinfektionsmittel.

Ich konnte mich nicht bewegen, schien festgebunden zu sein. Mir dämmerte, dass ich immer noch in der Notaufnahme lag. Die Monitore piepsten vor sich hin. Ich konnte nicht reden, denn mir steckte ein Schlauch im Mund.

Doch mein Verstand war klar. Tausend Gedanken schossen mir gleichzeitig durch den Kopf: *Wer hat davon mitbekommen? Wann muss ich wieder am Set sein? Wann kann ich aus der Klinik? Was hat das für Konsequenzen? Kann ich mich überhaupt noch bewegen?*

Meine Hand wurde gedrückt. Ich drehte den Kopf leicht zur Seite und sah in das Gesicht einer Krankenschwester. Ihre Augen waren freundlich und voller Güte. Sie sah mich lange an und flüsterte: »Willkommen zurück.«

Es war November 2013. Wenige Tage zuvor hatte die Stadt Venedig beschlossen, Kreuzfahrtschiffe aus der Lagune zu verbannen, um die historische Altstadt zu schützen. Kurz darauf entdeckten Chirurgen der Universität von Leiden im menschlichen Kniegelenk ein neues Band. Einige Tage später wurde in Genf bei einer Auktion von Christie's ein seltener orangefarbener Diamant für die Rekordsumme von 23 Millionen Euro versteigert.[18] Und Hardy Krüger jr. hatte kurzzeitig in Erwägung gezogen, ein für alle Mal die Seite zu wechseln.

Erst am nächsten Morgen wurde mir bewusst, dass ich für einige Momente tot gewesen war. Mein Herz hatte ausgesetzt, und sie hatten mich mit dem Defibrillator zurückholen müssen – das war der Schlag auf der Brust gewesen, den ich gespürt hatte.

Ich musste zugeben, so schlecht hatte sich die andere Seite nicht angefühlt, ganz im Gegenteil. Es war entspannt und behaglich dort gewesen. Nicht so kühl, steril und nüchtern wie im wirklichen Leben.

Doch ich hänge wohl zu sehr am Leben, denn ich kam wieder zurück. Ich war noch da. Es sollte noch nicht so weit sein. Ich hatte mir so sehr gewünscht, mit Paul-Luca zu gehen, doch er hatte mich offenbar wieder zurückgeschickt. Es fühlte sich an wie eine Wiedergeburt. Ein neues Leben in der alten Welt. Dennoch warf mich das Nahtoderlebnis in den kommenden Tagen erst mal aus der Bahn. Von Zeit zu Zeit wurde ich sogar wütend auf die Ärzte, die mich zurückgeholt hatten in eine Welt, die mich so sehr überforderte.

Meine Familie besuchte mich in der Klinik. Die Stimmung war angespannt, denn jeder von uns wusste, dass das Leben nie wieder so sein würde, wie es einmal gewesen war. Ich hatte keine Angst mehr vor dem Tod, ich hatte vielmehr Angst vor dem Leben. Welche Ironie des Schicksals.

Dazu kam der Zorn auf mich selbst. Ich hatte mein Leben weggeworfen. Es mit Füßen getreten, indem ich meine Gefühle in Alkohol ertränkt und meinen Körper zugrunde gerichtet hatte. Ich war so schwach, so erbärmlich. Das musste aufhören. Das *würde* aufhören. Ich nahm mir vor, ab jetzt das Beste aus meinem neuen Leben zu machen.

Das Versprechen an mich selbst hielt unglücklicherweise nur kurz. Es war der letzte Abend des Jahres, als ich der Versuchung nicht widerstehen konnte. Wir hatten Gäste eingeladen. Ich war gerade in der Küche, bereitete Essen zu und öffnete eine Flasche Tignanello. Es passierte nebenbei, ohne darüber nachzudenken, einfach so. Zuerst der Klang des Korkens, der mit einem dumpfen »Fump« aus dem Flaschenhals knallte, dann der Geruch, die Säure, das dunkle, samtige Bouquet des Rotweins …

Das Herz in meiner Brust fing zu rasen an. Die Lust, einen Schluck zu trinken, übermannte mich in einer Art und Weise, dass ich nicht mehr anders konnte. Ich spürte die Sehnsucht, mich von meinem alten Freund in eine tröstende, warme Umarmung ziehen zu lassen. Drei Wochen zuvor war Layla kerngesund in unsere Familie gekommen. Wir hatten allen Grund, glücklich zu sein. Meine Sehnsucht, nur einen kurzen Moment zu erleben, in dem alles so wie früher war, wurde übermächtig.

Dann passierte es.

Ich goss mir ein Glas ein. Die Vorfreude kribbelte bis in meine Fingerspitzen. Ich trank einen großen Schluck aus dem Weinglas.

Erleichterung. Erlösung. Die Last der letzten Monate fiel binnen Sekunden von mir ab. Ich fühlte mich angekommen, zu Hause, voller Energie und Leben.

»Deine Augen funkeln wie lange nicht mehr«, sagte Katrin, die plötzlich hinter mir stand. Ich fuhr erschrocken herum. Starrte sie an. Hatte sie es gesehen?

Nein. Es blieb an diesem Abend mein Geheimnis.

Am nächsten Morgen jedoch setzte die Katerstimmung ein. Trauer quoll in mir hoch, Schuldgefühle und Scham quälten mich. Was hatte ich getan? Wieso hatte ich nicht widerstanden? Warum hatte ich all die schwere Arbeit und die Schmerzen der letzten Monate mit einem Abend weggewischt?

Die Gedanken in meinem Kopf tosten, und Schwere machte sich auf meinen Schultern breit. Die Stimme in meinem Inneren raunte mir wieder einmal zu: *Lauf weg.*

Also zog ich meine Laufschuhe an und stolperte hinaus auf den Asphalt. Die Schritte auf dem Beton beschleunigten sich, der Puls galoppierte. Immer schneller rannte ich die Straße hinunter, als würde ich um mein Leben laufen. Die Häuser flogen vorbei, ich sah Menschen hinter Fenstern. Stierten sie mich an? Wussten sie, was ich getan hatte? Dass ich riskiert hatte, dass meine Kinder ohne Vater aufwuchsen? Ich floh weiter, atemlos, raus aus der Zivilisation, rein in die Natur.

Am Gatter einer Wiese hielt ich an und klammerte mich verzweifelt daran fest, um nicht zusammenzubrechen. Das musste aufhören. Jetzt.

Ich sah den Tatsachen ins Auge: Es würde ohne Umwege zurück in den Entzug gehen.

Zu Hause angekommen, packte ich ohne Umschweife meine Sachen. Ich wusste, dass ich mit meinem Leben spielte. Würde ich wieder zu trinken beginnen, und sei es nur ein bisschen, hätte das Konsequenzen für meine Organe. Es ging um alles.

Für Katrin war der Abschied hart. Schweren Herzens verabschiedete ich mich auch von meinen Kindern. Mein Arzt empfahl mir eine Klinik in Klagenfurt. »Das ist sicherer als in Deutschland«, sagte er mir am Telefon, als ich meinen Gang nach Canossa hinter mich gebracht hatte. Nachdem ich in Frankfurt im Entzug gewesen war, hatte die Presse angefangen zu recherchieren, und ein Reporter hatte sich wohl sogar auf das Gelände geschlichen, um ehemalige Mitpatienten ausfindig zu machen und zu interviewen. Wie man mir später erzählte, hatte ihn Schwester Barbara mit Schimpf und Schande vom Hof gejagt.

Ich flüchtete also nach Klagenfurt, dessen Name aus dem Slowenischen übersetzt »Ort der Klagen« heißt. Beklagenswert war allerdings nicht die Stadt selbst, sondern die Umstellung in der Entzugsklinik. Ich wurde in einem Mehrbettzimmer mit nur wenig Privatsphäre untergebracht, wo mich noch dazu die Nöte der anderen bedrängten. Fünf Tage waren für den medizinischen Entzug eingeplant.

Doch es kam anders. Obwohl ich nur einen Abend lang getrunken hatte, verschlechterte sich mein Zustand rapide. Die Blutwerte fielen in den Keller, und meine Angst, wieder auf die Intensivstation oder – noch schlimmer – in die Notaufnahme zu müssen, steigerte sich ins Unermessliche. Ich litt unter Krämpfen und Panikattacken. In den Nächten fand ich keinen Schlaf. Aber nach sechsunddreißig Stunden schwärzester Hölle war mein Kopf etwas klarer, und mein Organismus beruhigte sich.

In der anschließenden Reha ging es entspannter zu. Ich bekam ein eigenes Zimmer und verbrachte meine Zeit mit der Vorbereitung auf kommende Projekte. Um dafür wieder Energie zu finden, ließ ich meine Gedanken umherwandern, reiste in meiner Vorstellung zurück nach Afrika auf den Hügel in Shu'mata, wo ich mit Jörg, dem Besitzer der Hatari Lodge, die Nacht am Lagerfeuer verbracht und in den Himmel geschaut hatte. Auch dem australischen Rinderhirten John, der mich wie ein Vater in seine Obhut genommen hatte, stattete ich einen Besuch ab. Mein Geist flog weiter nach Lugano, Los Angeles, Brisbane, zu den Schären von Schweden, nach Cannes, New York, Madrid ... All die wunderbaren Orte, die ich besucht hatte, kamen in diesen Tagen zu mir und trösteten mich. Mein innerer Kompass, den ich am Silvesterabend verloren hatte, machte sich wieder bemerkbar. Ich sehe und fühle ihn eigentlich immer, doch ich neige von Zeit zu Zeit dazu, bewusst nicht hinzusehen, wenn er mir die Richtung weist. Nun musste ich zugeben: Hätte ich auf ihn gehört, wäre mir so vieles erspart geblieben.

Nach einigen Wochen Reha hatten sich meine Werte stabilisiert. Auch seelisch ging es schrittchenweise vorwärts. Ein weiterer Neuanfang stand bevor – der wievielte in meinem Leben? Ich wusste es nicht, aber es war auch egal.

Vorerst war der Neuanfang aber nur für mich allein bestimmt. Für die Rolle eines naturverbundenen Abenteurers im Spielfilm *Das Traumhotel – Myanmar* ging es in das Land der tausend Tempel, das an vielen Stellen noch ganz pur und unberührt ist. Während der Dreharbeiten saugte ich die Eindrücke der göttlich anmutenden Natur in mir auf: die tief stehende Sonne, die hinter kantigen Bergketten hervorschaute, begrünte Ebenen, goldene kegelförmige Pagoden. Ich verbrachte eine Woche im Kloster, um mit den Mönchen zu leben und dem Buddhismus näherzukommen. Buddhistische Rituale mit Wasser werden in Myanmar genutzt, um den Geist junger Mönche zu reinigen und so einen Zustand innerer Reinheit zu schaffen. Das Element Wasser versinnbildlicht Ruhe, Reinheit und Klarheit. Auch in der äußeren Welt beschränken sich die Mönche auf das Wesentliche. Die meisten besitzen kaum mehr als nur ein Gewand, ein Paar Sandalen, einen Fächer, einen Lackschirm und eine Sammelschale, mit der sie täglich das Kloster verlassen, um nach Essen zu suchen und Spenden zu sammeln. Der Weg zur Erleuchtung vollzieht sich durch Einfachheit und Stille.

Dort, in den einsamen Stunden im Kloster, entwarf ich einen Plan, wie meine Zukunft aussehen sollte. *Toni Costa*, den es von der Hamburger Mordkommission auf die Insel Ibiza verschlägt, um dort Kriminalfälle zu lösen, wäre vielleicht eine Möglichkeit, meine Reise ins Leben neu auszurichten. Die Serie war erfolgreich und hatte Chancen, sich im Abendprogramm zu etablieren. Im Geiste malte ich mir den Neustart auf dem sonnigen Eiland inmitten des Mittelmeers aus. Pinienbedeckte Berghänge, das Rauschen des Meeres, Sandstrände, wohin das Auge reicht, und Es Vedrà als Kraftort in nächster Nähe. Der Sage nach wirkt die Felseninsel magisch und setzt Energien für jene frei, die sich auf ihr aufhalten.

Ich atmete tief ein und aus. Wärme, Kraft und Ruhe waren genau das, was ich gerade am meisten brauchte. Dass Ibiza auch für sein feuchtfröhliches, pulsierendes Nachtleben berühmt war, blendete ich aus. Stattdessen spann ich meine Gedanken weiter, erwog sogar, mit Kind und Kegel umzuziehen. Ich wollte es langsamer angehen lassen, Gefahrenquellen rund um die Sucht meiden und endlich Zeit mit meiner Familie verbringen.

Doch nach meiner Rückkehr aus Myanmar hielt das Leben die nächste Überraschung für mich bereit.

KAPITEL 18
N48°18'19.9" E14°16'51.9"
LINZ, ÖSTERREICH

Es gibt einen indigenen Stamm in den Wäldern des Amazonas, die Kayapó. Geschützt unter dichten tropischen Blätterdächern, abseits der Grasflächen und weit entfernt von westlichen Einflüssen, wohnen sie in Dörfern entlang der Flüsse Iriri, Bacajá und Fresco. Ganz und gar im Einklang mit der Natur leben und praktizieren sie Rituale, die schon über Generationen weitergegeben wurden. Auf die Fragen des Lebens erbitten die Mitglieder des Stamms Rat bei den Ältesten.

Für den Eintritt der Jüngeren ins Erwachsenenleben gibt es bei den Kayapó ein Ritual. Gemeinsam geht es mit den Älteren auf die Jagd. Drei Tage und drei Nächte sind die Jungs und Männer im Busch unterwegs. Dabei lernt der Jüngste, seine Sinne für den wilden Dschungel zu schärfen, die Augen nach Raubtieren offen zu halten, sich zu tarnen oder auf Bäumen und im undurchdringlichen Buschwerk in Sicherheit zu bringen. Auch lernt er, durch Fischfang und das Sammeln von Früchten die Nahrung für seine Familie sicherzustellen und zu guter Letzt auch seinen Stamm zu beschützen. Erst nach dem Bestehen all dieser Prüfungen gilt er als Mann.

Bei seiner Rückkehr richten die Mitglieder seiner Gemeinschaft ein großes Fest aus – doch reden darf niemand mit ihm. Erst wenn er selbst dazu bereit ist, kann er das Wort erheben und erzählen.[19]

Ich finde dieses Ritual bemerkenswert und schön. Wenn ich ehrlich bin, hätte ich mir selbst oft gewünscht, nach meiner Rückkehr erst einmal nichts erzählen zu müssen. Die Filmindustrie verlangt dir alles ab. Doch genauso, wie sie dich feiert, lässt sie dich wieder fallen, wenn du nicht so funktionierst, wie du sollst. Mir würden so viele Schicksale von Kollegen einfallen, die die Schattenseiten der »Glamourwelt« bezeugen. Nicht zuletzt ist auch meine eigene Geschichte der Beweis, wie schwierig es ist, in dieser Branche die Balance zwischen dem persönlichen Glück und dem beruflichen Erfolg zu halten. An manchen Tagen hatte ich das Gefühl, immer noch der kleine verträumte Junge zu sein, der durch den Dschungel läuft und versucht, irgendwie zu überleben.

Eines Morgens im Oktober saß ich im Wohnmobil am Set vom *Forsthaus Falkenau* und las die Texte des Tages durch. Der Drehort lag an einem See in Südbayern, mein Camper stand direkt am Ufer. Ich konnte das Rascheln des Schilfs im Wind hören, und es lag noch etwas Nebel über dem Wasser. Nichts deutete auf einen Tag hin, der alles verändern sollte. Es klopfte an meiner Tür. Ich öffnete sie und blickte in das betretene Gesicht des Produktionschefs. »Ach, Hans. Hallo«, begrüßte ich ihn. Ich stutzte, als mir seine Miene auffiel. »Warum ziehst du denn so ein Gesicht?«

Er seufzte. »Darf ich reinkommen?«

»Natürlich.« Ich bat ihn, Platz zu nehmen. »Möchtest du einen Kaffee?«

Hans nickte und strich sich übers Gesicht. Ich kannte ihn seit Jahren, er war viel mehr als ein Kollege, eher wie ein Freund. Deswegen wurde ich zunehmend nervös, als ich ihn so betrachtete. Er sah gar nicht gut aus. Als hätte er gerade eine schlimme Nachricht erhalten.

Ich setzte mich zu ihm. »Was ist los?«

Wortlos überreichte er mir einen Briefumschlag. »Der lag heute früh auf meinem Schreibtisch.«

Ich betrachtete das Kuvert von allen Seiten, öffnete den Umschlag und zog ein DIN-A4-Blatt heraus. Der Briefkopf war vom ZDF. Ich begann zu lesen und konnte es nicht fassen. Zweimal, dreimal überflog ich die Zeilen. »Das kann doch nicht wahr sein«, murmelte ich und hob den Kopf.

»Ist es aber.«

Ich las den Brief erneut, eine Erklärung in den Zeilen suchend, warum der Sender die erfolgreichste Vorabendserie der letzten zwanzig Jahre absetzte. Hilflos hob ich das Schreiben hoch. »Eine Neustrukturierung des Programms? Was soll das sein?«

Hans zuckte mit den Schultern.

Die Gedanken in meinem Kopf rasten. Ich hatte zwar vorgehabt, aus der Serie auszusteigen – aber nicht so schnell! Und vor allem nicht jetzt. Zudem hatte ich über die Jahre Stefan Leitner und das Forsthaus wirklich lieben gelernt. Ich wollte Abschied nehmen, aber anders.

Hans seufzte. »Ich muss dich um einen Gefallen bitten, Hardy. Sag es bitte noch niemandem von der Crew. Heute Abend erfahren sie es von der Redakteurin.« Er erhob sich. »Es tut mir wirklich leid.«

Dann ging er und ließ mich mit tausend Fragezeichen im Wohnwagen allein. Und mit einer großen Bürde. Ich musste so tun, als ob alles in Ordnung wäre! Dabei war unser Schicksal besiegelt. Das *Forsthaus* war Geschichte. Die Dreharbeiten endeten schon bald, und dann saßen wir alle mit nichts da. Unvermittelt fingen meine Hände an zu zittern. Was hätte ich in diesem Moment für einen Schluck Whiskey gegeben …

Wieder klopfte es an der Tür. »In zehn Minuten drehfertig!«, rief der Set-Aufnahmeleiter.

Es waren die längsten zehn Minuten, an die ich mich bis dato erinnern konnte. Wie sollte ich den Drehtag in der Gewissheit überstehen, dass mein Team in Kürze ohne Job dastehen würde? Das war meine Crew, meine Familie. Jeden Tag waren wir gemeinsam am Set und gaben unser Bestes.

Auf wackligen Beinen stolperte ich zum Set. Dort traf ich auf einen Beleuchter. Peter sagte lachend: »Mann, Hardy! Du siehst aus, als würde morgen alles vorbei sein.«

Ich konnte es nicht glauben – dass er ausgerechnet diese Worte verwendete. Beinahe kamen mir die Tränen.

Peter erblasste. »Hey, es tut mir leid. Es war nur ein Spruch, ich wollte dich aufheitern«, versuchte er zu retten, was noch zu retten war, und wandte sich schnell seiner Arbeit zu.

Ich atmete tief ein und aus. Konnte ich irgendetwas tun, um das Unvermeidliche doch noch abzuwenden? Sollte ich beim Sender vorsprechen? Mich starkmachen für die Serie, die ich doch eigentlich verlassen wollte?

In der Pause kam der Set-Aufnahmeleiter zu mir und drückte mir ein Handy in die Hand. Es war der Chef vom ZDF. Er erklärte mir die Situation, was es nicht einfacher machte. Wir waren nicht die Einzigen, die dran glauben mussten, die »Neustrukturierung« betraf mehrere, auch sehr erfolgreiche Formate.

Es ist schon merkwürdig, wenn man plötzlich vor vollendete Tatsachen gestellt wird. Mein Plan war gewesen, die Serie zu einem guten Abschluss zu bringen. Ich hatte Ideen, wie die Geschichte des Stefan Leitner zu Ende erzählt werden würde, sodass man jederzeit wieder einsteigen könnte.

Auch finanziell war das Sendungsende problematisch. Wir bauten gerade in Oberösterreich ein Haus. Es war mir wichtig, dass Katrin, Vinas und Layla abgesichert waren und sich, auch wenn ich nicht da war, nicht allein fühlten. Und die Arbeit lenkte mich ab – selbst wenn das nur eine Flucht war. Kaum wären die Dreharbeiten am *Forsthaus* beendet, warteten schon die nächsten Folgen *Toni Costa* auf mich. Ich riss mich zusammen und sagte mir: *Das Ende vom* Forsthaus *hast du dir anders vorgestellt. Aber es ist, wie es ist. Du kannst es nicht ändern. Vielleicht ist es ein Zeichen, dass du weitergehen musst.* Ich nahm das Schicksal an, doch die berufliche Lage verschärfte sich weiter. Auch beim öffentlich-rechtlichen Nachbarsender gab es unerwartet einen Programmwechsel: *Toni Costa* wurde ersatzlos gestrichen. Mein Plan B löste sich ebenfalls in Luft auf.

Neue Anfragen gab es noch dazu kaum. Offensichtlich scheute man sich, mich zu besetzen, weil man meine psychische Labilität fürchtete. Über den Tod meines Sohnes hatte die Presse ausführlich berichtet. Ich war gebrandmarkt, stigmatisiert, doppelt bestraft, wenn man so wollte. Nicht nur, dass ich das Schlimmste erfahren hatte, was einem Elternteil widerfahren konnte – nun wirkte sich dieses Drama auch auf meine Karriere aus.

Ich hatte im Moment vor allem durch den Strudel des Nichtstuns Angst, die Orientierung zu verlieren und wieder abzustürzen. Von einem Moment auf den anderen lag ich angezählt am Boden, niedergestreckt von zwei fiesen Haken, die mir die Lichter ausgeschaltet hatten. Die Welt schien stehen zu bleiben. Ich war kaum in der Lage, mein Leben zu organisieren. Kooperationspartner ließen die Verträge auslaufen. Freundschaften zerbrachen. Was war passiert? Ich wusste es nicht.

Oft ist es so, dass berufliches Pech mit privatem Unglück einhergeht. Das Haus in Oberösterreich war gerade fertig, als Katrin und ich entschieden, uns eine Zeit lang zu trennen. Ich hatte Schwierigkeiten, meinen Platz in der Familie und dem Freundeskreis zu finden. Also packte ich meine Sachen und ging fort. Reiste an einen Ort, an dem ich die Gedanken sortieren, Luft holen und einen klaren Kopf bekommen konnte. Ich fuhr in die Berge, nach Kitzbühel, wo alles seinen Anfang genommen und in gewisser Weise auch sein Ende gefunden hatte. Hier hatten Katrin und ich einander gefunden und Jahre später Paul-Luca verloren. Ich saß im Haus in den Bergen und dachte an den kleinen blonden Jungen mit dem Kopf in den Wolken und den Füßen im Sand. Wo war er nur geblieben? Ich hatte ihn auf dem Weg verloren.

Morgens stand ich früh auf, schaute aus dem Fenster. Die Berge ragten aus den Wolken, und es regnete viel. Zu dieser Jahreszeit, zwischen der Wintersaison und dem Frühling, gleicht Kitzbühel einer Geisterstadt. In dieser ungewohnten Stille ging ich joggen, bis die Muskeln brannten und sich mein Gedankenchaos ansatzweise geordnet hatte. Bis dahin schaute ich immer wieder fragend in Richtung Himmel, stolperte auf unebenen Wiesenpfaden entlang und vermied bewusst jene Routen, die tief ins Tal führten. Meinen Berg voller Probleme schleppte ich bei jedem Schritt mit und dachte: *Wenn mir für alle Fehler, die ich in meinem Leben gemacht habe, Flügel wachsen würden, könnte ich jetzt über die Gipfel fliegen.*

Die Beziehungspause ging fließend in das Ende unserer Ehe über. Ich zog nach Linz, einer verträumten Stadt an der Donau mit hübschem, historischem Stadtkern. So konnte ich meinen Kindern nahe sein und eine Stelle als Dozent an der Schauspielakademie antreten. Alle laufenden Fernsehprojekte waren abgedreht oder abgesagt. Und ich fing wieder einmal bei null an.

Meine Altbauwohnung, ein Schmuckstück mit hohen Decken und altem Holzdielenboden, der bei jeder Bewegung knarrte, lag im ersten Stock eines Hauses gegenüber dem Theater. Wieder allein zu sein, war seltsam. Doch tat mir die Ruhe gut, nachdem mir zuletzt das gesamte Leben über den Kopf gewachsen war.

Dass meine Fernseh- und Filmkarriere offenbar am Ende war, deprimierte mich. So viele Jahre hatte ich alles für die Schauspielerei geopfert. Die Zeit mit meinen Kindern, meine Gesundheit, meine Beziehungen … Nun schien alles vorbei zu sein. Das war eine bittere Pille neben der Erkenntnis, dass bereits die zweite Ehe meines Lebens gescheitert war und zwei weitere Kinder ohne ihren Vater aufwuchsen. Deutschland, so kam es mir vor, hatte mich einfach vergessen. Es kamen keine Aufträge, keine Anrufe mehr. Ich war wie ausgelöscht – als wenn es mich nie gegeben hätte. Ein merkwürdiger, verstörender Zustand, vor allem wenn man vorher Dreh- und Angelpunkt zweier erfolgreicher TV-Produktionen und verschiedener Filmformate war. Mein Leben lang, so fühlte es sich an, hatte ich wie ein Irrer gearbeitet, um mir meinen Traum von der Schauspielerei zu erfüllen. Und nun war wieder einmal Schluss.

Immerhin hatte ich so Zeit, mich auf die Schauspielschüler an der Akademie zu konzentrieren und meine Kunst voranzutreiben. Ich malte viel, organisierte Ausstellungen und konnte vom Verkauf meiner Bilder meinen Lohn aufbessern. Kultur ist in Linz wichtig, es finden sich dort viele Galerien, Ateliers und Bühnen. Das Lebensgefühl der Stadt mutet fast ein wenig mediterran an. Es gibt riesige Plätze, geschichtsträchtige Gebäude und ein Schloss, das auf dem Hügel thront, als würde es über die Stadt wachen. Ich legte mir eine Vespa zu, düste durch die Gassen und genoss als kleines Wohlfühlritual täglich einen Espresso in einer italienischen Bar. Ab und an kamen meine Kinder zu Besuch. Vinas und Layla liebten die Wohnung mit den großen Zimmern, vor allem das riesige Bett im Schlafzimmer. Mit Katrin dagegen blieb das Verhältnis distanziert. Die Fußmatte der Eingangstür war für sie eine magische Grenze. Hier blieb sie stehen, verabschiedete sich von den Kindern und ging wieder. Es brach mir jedes Mal das Herz – und doch war mir klar, dass nun jeder seinen eigenen Weg gehen musste. Für mich hieß dies, abstinent zu bleiben. Vom Alkohol und von den Menschen.

Zu nah war ich dem Tod für meinen Geschmack schon gekommen, zu hoch war der Preis gewesen. Mein Leben stand auf dem Spiel. Nie wieder durfte ich einen Rückfall erleiden, nie wieder in Versuchung geführt werden. Als toter Mann war ich weder ein guter Partner noch ein guter Vater. Doch diese Entscheidung machte mich einsam. Denn ich war fast immer der Einzige, der nicht trank.

Ich erinnere mich an einen Silvesterabend, etwa ein Dreivierteljahr nachdem ich nach Linz gekommen war. Natürlich hatte ich für den Abend nichts geplant. Ich kannte in der Stadt immer noch viel zu wenig Menschen.

Weihnachten und Silvester sind für Alkoholiker die schlimmsten Tage im Jahr. Jeder trinkt, oft schon am Vormittag, es gehört einfach dazu. Dem zu widerstehen, traute ich mir nicht zu. Dazu kam, dass es keinen Spaß macht, eine Konversation zu führen, wenn dein Gegenüber schon drei Achter im Turm hat, du selbst jedoch stocknüchtern bist und für einen einzigen Schluck aus seinem Sektglas sterben würdest.

Ich verbrachte den Abend allein. An meine Einsamkeit hatte ich mich mittlerweile nicht nur gewöhnt, ich konnte ihr sogar etwas abgewinnen. Als kleiner Junge hatte ich mir ganz intuitiv »Auszeiten« vom Alltag genommen und meine Gedanken stundenlang schweifen lassen. Nun bestand mein Alltag fast nur noch aus »Auszeiten«, die mich inspirierten und meine Kreativität förmlich übersprudeln ließen. In der Stille kann ich künstlerisch tätig sein. Vielleicht weil ich dann meine innere Stimme höre, die ich, wenn es laut, trubelig und hektisch zugeht, oft überhöre. Mein innerer Kompass zeigt in diesen Stunden des Für-mich-Seins stets in die richtige Richtung.

Dieser innere Kompass sagte mir auch, dass ich mich bei der aufregenden Frau, die ich vor ein paar Wochen kennengelernt hatte, noch nicht melden würde. Auch wenn ich seit unserer Begegnung oft an Alice dachte. Aber ich war zu sehr mit mir beschäftigt, als dass ich einen anderen Menschen hätte in mein Leben lassen können.

Ich war zu einem Empfang im »Hotel du Rome« in Berlin geladen gewesen, hatte mich gerade an den Fotografen in der Lobby vorbeigeschoben und versucht, mich zu orientieren, als sie plötzlich vor mir stand. Sie war groß, schlank, und ihr Lächeln war strahlend. Ihre Natürlichkeit gefiel mir. Ich hatte sofort gewusst, dass sie etwas Besonderes ist. Wir waren ins Gespräch gekommen, hatten uns unterhalten. Dies war eine Begegnung gewesen, die ich nicht so schnell vergessen sollte. Alices Telefonnummer hatte ich seit diesem Moment immer bei mir.

Doch ich rief nicht bei ihr an und schrieb ihr auch nicht. Meine Scheidung war zwar schon eine Weile her, aber ich fühlte mich nicht bereit für eine neue Liebe. Ich kam gerade erst wieder auf die Beine, nachdem mich das Leben wieder einmal zu Boden geworfen hatte. Zu oft hatte ich in der Vergangenheit erfahren, dass meine Gier nach mehr meinen Untergang bedeuten konnte. Und ein bisschen dachte ich auch: Wenn sie die Richtige ist, wird uns das Schicksal eines Tages zusammenbringen.

Als es auf Mitternacht zuging und ich vor dem Fenster die Feiernden stehen sah, mit Partyhütchen, Luftschlangen um den Hals und Wunderkerzen in der Hand, singend und grölend, entschloss ich mich zu einem Spaziergang durch die Stadt. Ich zog mich an, verließ die Wohnung und trat hinaus auf die Straße. Die Luft war vom Geruch abgebrannter Feuerwerkskörper erfüllt, links und rechts von mir sausten Knallfrösche und Böller über den Asphalt. Alle paar Minuten zuckte ich zusammen, wenn irgendwo ein Feuerwerkskörper in den Himmel geschossen wurde. Menschen lagen sich in den Armen, Sektflaschen machten die Runde. Es wurde gesungen, gelacht, geschunkelt.

Ich wandte mich ab, schob mich an den eng stehenden Körpern vorbei und marschierte über das Kopfsteinpflaster, weg vom wilden Treiben, dem ich mich heute noch viel weniger als sonst zugehörig fühlte. Die Temperaturen waren gefallen, in der Wettervorhersage hatte es geheißen, es werde heute Nacht noch schneien. Ich bog in eine stille Gasse ein, die leicht anstieg und an deren Ende das Schloss auf dem Hügel lag. Ich fand meinen Rhythmus und lief, die Hände in den Jackentaschen vergraben, die Gasse entlang.

Der Weg wurde steiler und anstrengender. Die Fenster in den Häusern, an denen ich vorbeilief, waren erhellt, ich erkannte Menschen, die sich mit Sektflöten zuprosteten, miteinander tanzten, ab und an zuckte das blauweiße Licht eines Fernsehers durch ein Wohnzimmer. Ich ging vorwärts, immer weiter, mittlerweile atmete ich schwerer. *Ein Wunder, dass du überhaupt noch atmen kannst*, dachte ich und bedankte mich ein weiteres Mal bei der göttlichen Kraft, die mich im letzten Moment aus dem Tunnel geholt und zurück ins Leben geworfen hatte.

Eine Gruppe von Leuten kam mir entgegen, torkelnd, taumelnd. Plötzlich blieb eine der Frauen stehen, warf einen Blick auf die Uhr und rief: »Frohes neues Jahr!« Alle fielen sich in die Arme, küssten und drückten sich. Ich wollte mich unbemerkt an ihnen vorbeischieben, doch sie hielten mich auf.

»Guten Rutsch!«, sagte die Unbekannte auch zu mir und fiel mir um den Hals. Ich wünschte ihr dasselbe, lehnte einen Schluck aus der Sektflasche ab und riss mich schließlich los. Über meinem Kopf explodierte das Feuerwerk, hinter den Fensterscheiben setzte Jubel ein.

Ich lief weiter. Die Gasse entlang, weiter zum Schloss, dem mächtigen Bollwerk auf dem Hügel. Ich betrat den Schlosspark und setzte mich auf eine Bank mit Blick auf die Donau. Das Wasser trieb als geschäftiger Strom dahin. Auf der anderen Seite des Ufers erhellten die Feuerwerke in den Farben des Regenbogens die Nacht. Doch hier, auf der Bank unter einem großen Baum, war es ganz ruhig. Mein Atem ging langsam, selbst meine Gedanken waren friedlich. Nach einer langen Zeit der Suche war ich wieder eins mit allem.

Würde ich je wieder mit anderen feiern können? Auch in Zukunft dem Alkohol widerstehen? Ich war doch Schauspieler. Konnte ich nicht einfach für einen Abend in die Rolle eines Menschen schlüpfen, dem das Trinken nichts bedeutete?

Ausgerechnet Alkohol. Ein Betäubungsmittel. Das war doch kein Zufall. So viele Jahre hatte ich versucht, allen Anforderungen und Erwartungen gerecht zu werden. Wieso wohl hatte ich zu einer Droge gegriffen, die verklärte, wärmte, besänftigte – aber auch vergessen ließ? Die eine Flucht vor der Realität ermöglichte, die weich fallen und hoch fliegen ließ? Die mir wie ein alter, vertrauter Freund vorgekommen war, aber doch nur das Schlimmste für mich bereithielt? Wer war ich ohne diese Droge?

Ich war durch die halbe Welt gereist, um mich selbst zu finden. Ich hatte in meinem Leben schon in christlichen Kirchen gebetet, mit afrikanischen Schamanen gesprochen, mit buddhistischen Mönchen meditiert. Ich war auf die andere Seite gegangen und

wieder zurückgekehrt. Im Grunde war ich jedoch immer weggelaufen. Vor der Verantwortung, vor den Erwartungen und bestimmt
auch ein wenig vor mir selbst.

Mein Blick ging gen Himmel. So viele Rollen hatte ich im Laufe
meines Lebens gespielt, und zwar nicht nur die auf der Bühne oder
vor der Kamera. Ich hatte versucht, ein Sohn zu sein, auf den mein
Vater stolz sein konnte und um den sich meine Mutter keine Sorgen machen musste. Ein Bruder, der beschützte. Ein verlässlicher
Ehemann. Ein Vater, der seinen Kindern die richtigen Ideale vorlebte. Hardy eben. Das »jr« dahinter hatte ich übersehen. Bedau-
erlich, bildete dieser »Junior« doch stets den Kern meines We-
sens. Die Hauptrolle des introvertierten Künstlers hatte ich ganz
unten in die Schublade gepackt und zugeschüttet – zuerst mit der
rastlosen, nach außen gerichteten Arbeit eines Filmstars und Le-
bemanns (wie es das Erbe meines Namens scheinbar von mir verlangt hatte), und später, um den tragischen Verlust meines Selbst
zu betäuben, mit literweise Alkohol.

Nun, in der Stille, wurde mir alles klar. Der Name meines Vaters
war mir manchmal wie ein Fluch vorgekommen, und nicht nur einmal hatte ich gedacht: Ich bin doch eher ein Marazzi. Doch beide Familien verbanden sich in mir. Die künstlerische, emotionale, bunte
und lebensfrohe Ader meiner Mutter, aber auch die rastlose, konse-
quente, direkte und eigensinnige Seite meines Vaters. Ich war beides, wie eine Medaille, die ja auch immer zwei Seiten hat, und doch
ein Unikat, ein Einzelstück, das es nur einmal gab auf dieser Welt.

Ich legte den Kopf in den Nacken, atmete tief ein und aus. Es
wurde ruhig in der Stadt. Nur noch vereinzelt schossen Raketen in
den Nachthimmel. Dafür nahm ich in meinem Inneren ein Glimmen
wahr. Ein kaum wahrnehmbares Leuchten, von dem ich wusste,
dass es nur in der Einsamkeit zu einem hellen Licht werden konnte.
Das war ich – der wahre Hardy. Der Mensch hinter der öffentlichen
Person, jenseits der Rollen, fernab der Medien. Dieses Licht soll zu
meinem Strahlen werden, beschloss ich in dieser Sekunde.

Im selben Moment fing es an zu schneien.

KAPITEL 19
N53°32'47.1" E9°57'27.1"
HAMBURG, DEUTSCHLAND

In meinem Leben gab es viele Wendepunkte, in denen es kurz vor der Katastrophe zu einer glücklichen Fügung kam. Auch das Kapitel Linz endete nicht im Desaster. Denn die Kammerspiele Hamburg engagierten mich für eine Spielzeit. Mit meinem neuen Ich im Gepäck brach ich meine Zelte in Linz ab und fuhr in die Hansestadt, um in der Produktion *Ziemlich beste Freunde*[20] mitzuwirken. Ich stellte den im Rollstuhl sitzenden, ab dem Halswirbel gelähmten Philippe dar, der mit seinem neuen Pfleger Driss das Leben von einer wunderbaren, leichten Seite kennenlernt. Die beiden Männer, die verschiedener nicht sein könnten, kommen am Anfang nicht besonders gut miteinander zurecht, lernen sich aber im Laufe der Zeit schätzen. Die Figur Philippe macht dabei eine allumfassende Wandlung durch, wird von einem misanthropischen und überheblichen Schwerbehinderten zu einem Mann, der wieder Lust auf das Leben entwickelt und seine guten Seiten wiederentdeckt.

Die Rolle war mir wie auf den Leib geschrieben. Als ich das Skript in der kleinen Theaterwohnung, die mir die Kammerspiele zur Verfügung gestellt hatten, zum ersten Mal in Gänze las, begriff ich, dass die Wandlung Philippes durch zwei Faktoren in Gang gekommen war: Verständnis und Vergebung. Driss, ein Kleinkrimineller mit einem Herzen aus Gold, begegnet Philippe als erster Mensch überhaupt nicht mit Mitleid, sondern mit Ehrlichkeit und Humor. Philippe beginnt daraufhin, sich selbst zu vergeben, und fasst neuen Lebensmut. Als ich später die Außenalster entlangspazierte, auf das in der Sonne glitzernde Wasser blickte und sich die weiße Fassade des Theaters vor mir erhob, wusste ich, was beim ersten Aufeinandertreffen mit meinen Kollegen zu tun war.

Aufgeregt betrat ich das Theater, ging auf meine neuen Kollegen zu, atmete tief durch und sagte: »Ich freue mich sehr darauf, mit euch dieses fantastische Stück zu spielen. Vorab gibt es aber noch etwas, was ich euch sagen möchte.«

Meine Hände schwitzten. Es gab keinen Weg mehr zurück. »Ich bin trockener Alkoholiker und war in den letzten Jahren in mehreren Entzugseinrichtungen.«

Die Kollegen wandten sich mir aufmerksam zu. Ich wurde ruhiger.

»Deshalb brauche ich eure Unterstützung. Sollte ich bei der Premierenfeier ein Glas in der Hand halten, nehmt es mir bitte weg. Ich will verhindern, euch alle unter den Tisch zu saufen.«

Sie lachten – fast ein bisschen erleichtert. Auch mir selbst war mit einem Mal leichter ums Herz zumute. Das Versteckspiel hatte ein Ende. Meine Kollegen versprachen, mir sogar Schnapspralinen aus den Fingern zu schlagen, sollten sie mich damit erwischen. Und ich dachte: *Warum warst du nicht schon viel früher so ehrlich? Es fällt allen doch leichter, auf dich Rücksicht zu nehmen, wenn sie wissen, was mit dir los ist.* Erstaunlich, wie schwer man sich das Leben manchmal selbst macht.

Die Zeit bei den Hamburger Kammerspielen hauchte nicht nur meiner Figur, sondern auch mir neues Leben ein. Die Rolle des Philippe zeigte mir Abend für Abend eindrücklich, dass es auch in ausweglosen Situationen immer auf die Perspektive ankommt. Und darauf, nicht den Humor zu verlieren. Obwohl ich nicht zu den Menschen gehöre, die ständig laut und herzhaft lachen, war meine innere Freude so groß wie lange nicht mehr.

Theaterspielen ist für mich die beste Therapie. Ich liebe das Theater, und das Theater liebt mich. Es ist eine ehrliche Arbeit, die nur dann funktioniert, wenn du mit allen Sinnen und jeder Faser deines Körpers darin aufgehst. Wir tourten mit dem Stück auch durch Deutschland und spielten auf Sommerfestivals. Überall wurden wir gefeiert. Es tat mir gut, so gesehen zu werden, wie ich war. Allem Anschein nach musste ich nach außen hin gar nicht perfekt wirken, immer die Kontrolle behalten und kaschieren, wenn ich Fehler machte. Stattdessen durfte ich mir selbst und dem Leben vertrauen.

Die Schauspielerei im Theater brachte nicht das große Geld, erfüllte mich aber mit großer Zufriedenheit. Ich kam auf die Beine und arbeitete so, dass mir genug Zeit für meine Familie und die eigenen Bedürfnisse blieb.

Mein halbes Leben habe ich damit verbracht, mehr zu wollen. Größere Rollen, bessere Filme, mehr Anerkennung, dichter aufeinanderfolgende Erlebnisse. Mit Tempo und Verbissenheit habe ich es auf die Spitze getrieben – bis ich daran zerbrach und mein Dasein auf Erden nur noch vom Defibrillator in der Notaufnahme abhing. Nun endlich hatte ich aufgehört, ins Verderben zu stolpern, sondern übernahm echte Verantwortung. Für mich und dadurch auch für andere.

Ja, das Leben kann grausam sein. Wir verlieren dann Halt und Orientierung, liegen am Boden und müssen mühsam wieder aufstehen. Vor allem müssen wir fühlen, statt zu betäuben. Den Schmerz spüren, zulassen.

Es gibt Dinge, die kann man nicht ändern. Seitdem ich das verstanden habe, hat sich vieles in mir gewandelt. Anfangs drohte ich an der Erkenntnis zu zerbrechen, doch mittlerweile verleiht mir die Gewissheit, dass ich mich nicht um Dinge sorgen muss, die sowieso nicht in meiner Hand liegen, die Leichtigkeit zurück, die so lange

Zeit aus meinem Leben verschwunden war und die ich nur mithilfe des Alkohols empfinden konnte. Heute ist mein Blick klar, und meine Gefühle sind echt. Sie sind nicht verzweifelt oder von Sehnsucht getrieben, nicht verschleiert oder vom Alkohol eingetrübt.

Ich fühle mich mehr denn je. Gehe nirgendwohin, wenn ich keinen Grund dafür sehe, rede mit niemandem, den ich nicht sprechen will. Ich lege mich hin, wenn ich müde bin, lache, wenn ich etwas wirklich komisch finde, und esse, wenn ich Hunger verspüre. Ich tue nichts, was ich nicht wirklich tun möchte, und umgebe mich nur noch mit Menschen, die ich liebe und schätze.

Das Glück liegt in meiner Hand. Ich bin selbst dafür verantwortlich, wie ich die Karten spiele, die das Leben an mich ausgeteilt hat. Das Leben ist ein Geschenk. Ein Wunder. Es beginnt und endet, manchmal willkürlich, manchmal überraschend, manchmal zu früh. Wie wir die Zeit dazwischen füllen, ist uns überlassen.

Den Film des Lebens dürfen wir also selbst gestalten. Es liegt an uns, ob daraus ein Blockbuster wird. In diesem Film sollten die Hauptrollen nur mit den talentiertesten Schauspielern der Welt besetzt sein. Die Handlung sollte aus der besten Kameraeinstellung in den schönsten Farben, unterlegt von der emotionalsten Musik, erzählt werden. Wir schreiben das Drehbuch, besetzen die Rollen und entscheiden, welche Szene als Nächstes gedreht werden soll. Und: Es ist nie zu spät, in die Geschichte einen Wendepunkt einzubauen, wenn wir mit dem Verlauf der Handlung nicht glücklich sind. Die besten Geschichten schreiben wir selbst. So bestimmen wir auch, ob es ein Happy End gibt.

Wie so oft zuvor hatte ich wieder einmal das Handy in der Hand und überlegte. Ob ich mich noch bei der Frau vom »Hotel de Rome« melden sollte? Drei Jahre waren seit unserem Kennenlernen vergangen, drei Jahre, in denen ich immer wieder an sie gedacht, aber sie nie kontaktiert hatte. Der Zug ist doch längst abgefahren, sagte ich mir. Sicher war sie in einer glücklichen Beziehung und hatte diesen komischen Vogel vergessen, der zwar Nummern mit ihr getauscht, sich dann aber nie gemeldet hatte. Wieso sollte eine so tolle Frau auch auf einen Typen wie mich warten?

Doch eines fand ich merkwürdig: Obwohl mittlerweile drei Jahre vergangen waren, ging sie mir nicht mehr aus dem Kopf. Alice. Der Name gefiel mir, er fühlte sich gut in meinem Mund an, wenn ich ihn leise vor mich hin flüsterte. Und immer verzogen sich meine Lippen zu einem Lächeln, wenn ich an sie dachte.

Schreib ihr doch einfach, sprach ich mir selbst Mut zu. Was soll schon passieren? Mehr als Nein sagen kann sie ja nicht. Aber was sollte ich sagen? Wie würde ich erklären, wer ich war, wie mein Leben aussah – und warum ich so lange gebraucht hatte, um mich bei ihr zu melden? Und überhaupt, was konnte ich ihr schon bieten? Es waren so viele Fragen, die in meinem Kopf herumschwirrten.

Aber Alice war mir vertraut vorgekommen. Als ob wir uns schon seit Ewigkeiten kannten. Mir war klar, dass das viele Paare von ihrem Kennenlernen behaupteten … Wieso sollte es also auch nicht auf uns zutreffen? Alice und Hardy. Erneut spürte ich, dass mein Gesicht heiß wurde.

Ich sollte ihr schreiben.

Und was? Es war hundertprozentig zu spät – sie würde nicht reagieren. Ich legte das Handy weg und fuhr mir mit der Hand über das Gesicht. Morgen. Ich würde mir morgen eine geistreiche Nachricht einfallen lassen, die mein merkwürdiges Verhalten erklärte.

Plötzlich gab das Handy einen Laut von sich. Eine Kurznachricht war eingetroffen. Ich entsperrte das Display, öffnete das Chatfenster und las die Nachricht: *Hi Hardy! Bist du bald mal wieder in Berlin? Wir sollten unbedingt unser spannendes Gespräch fortsetzen. Alice.*

Und plötzlich war sie da.

NACHWORT

Klassische Geschichten, wie wir sie aus Filmen oder Büchern kennen, beginnen immer mit der Vorstellung des Helden. Wir lernen seine Welt und sein Wesen kennen. In den meisten Fällen ist unser Held ein guter Mensch, entwirft Pläne, verfolgt Träume, ist ein mehr oder weniger angesehener Teil der Gesellschaft. Man kennt ihn, schätzt ihn, weiß, wie man ihn zu nehmen hat.

Doch dann geschieht etwas, womit niemand gerechnet hat. Der berühmte Flügelschlag eines Schmetterlings, der einen Orkan auslöst. Die Dramaturgie nennt es den *Point of no Return*: Der Held trifft eine Entscheidung, die sein Leben auf den Kopf stellt. Die Handlung kommt in Gang. Einen Weg zurück gibt es nicht, ab jetzt lautet die Marschrichtung: Vorwärts! Unser Held tut infolgedessen Dinge, die nicht jedem gefallen, am allerwenigsten ihm. Auch Freunde beginnen, an ihm zu zweifeln. Vertraute wenden sich ab. Sie fragen ihn: »Wer bist du? Ich erkenne dich nicht wieder!« Man kehrt ihm den Rücken zu. Seine Welt bricht zusammen. Die Heldenreise wird in dieser Phase sehr dramatisch, häufig nimmt sie Wendungen, die schlimmer sind als das, was wir uns vorstellen können. Der Held fängt an, an sich zu zweifeln. Die Zuschauer bekommen kalte Füße, rutschen unruhig in ihren Sesseln hin und her. Wird sich der Held in den Abgrund manövrieren? Bitte nicht!

In der dunkelsten Stunde geht der Held in sich und überlegt. Obwohl er wütend, enttäuscht und kurz davor ist aufzugeben, besinnt er sich auf sich selbst. Er vertraut sich dem Leben an, das immer noch eine positive Wendung nehmen kann. Ihm wird klar, dass er die Dinge selbst ändern muss. Er muss die Welt wieder zu jenem Ort machen, der sie einmal war – oder zu einer besseren Version davon. In einer gewaltigen Kraftanstrengung wirft unser Held alles in die Waagschale und stürzt sich so in das letzte, ultimative Abenteuer.

So oder so ähnlich funktionieren die großen Geschichten der Menschheit – ob *Hamlet*, die *Odyssee*, *Star Wars* oder *Harry Pot-*

ter. Dazwischen gibt es jede Menge Irrungen und Wirrungen, Überraschungen und Wendungen, Anfänge und Enden.

Seit mehr als fünfzig Jahren ringen im Buch meines Lebens Autor und Held miteinander um die Federführung. Da ich ein Optimist bin, bezeichne ich mein Leben deshalb als vielseitig und spannend, auch wenn ich selbst oft gar nicht fassen kann, was mir im Laufe der Zeit schon alles widerfahren ist.

Ich habe euch nun von meiner Reise erzählt. Von wunderbaren Menschen, inspirierenden Gesprächen und zauberhaften Orten, an denen das Leben an jeder Ecke pulsiert. Ich hatte das unermessliche Glück, schon in jungen Jahren auf der ganzen Welt zu Hause zu sein. Ich hoffe, euch beim Lesen zum Lachen, zum Nachdenken und zum Mitfühlen gebracht zu haben. Es war mein Wunsch, euch sowohl vom größten Glück als auch von den schwärzesten Tagen meines Lebens zu erzählen. Meine Hoffnung ist, dass ihr am Ende dieses Buches erkennt, dass in mir auch so viele Jahre später immer noch der kleine blonde Junge steckt, der mit großen Augen und noch größeren Rosinen im Kopf durch dieses Leben wandelt und über mehr Dinge staunt, als er in Worte fassen kann.

Vielen Dank, dass ihr mir eure Aufmerksamkeit geschenkt habt.

DANKSAGUNG

Danke an all diejenigen, die mich auf meiner Reise überrascht, fasziniert, geliebt und enttäuscht haben. Durch sie habe ich das Leben als solches verstanden. Es ist ein bittersüßes Geschenk.

Danke auch an Lisa, meine Co-Autorin, für diese spannende Reise.

ENDNOTEN

1 Yvonne Maier: »50 Jahre Herztransplantation«, *BR Wissen*, online unter: https://www.br.de/wissen/herz-herztransplantation-50jahre-spender-herz-kapstadt-suedafrika-barnard-reichart-100.html (abgerufen am 21.6.2021)

2 Ueli Mäder: *68 – Was bleibt?* 2018 Zürich, Rotpunktverlag

3 Clara Schwarz: »Politik der USA nach dem Zweiten Weltkrieg«, online unter: https://www.grin.com/document/100439 (abgerufen am 21.6.2021)

4 »Arusha Nationalpark, Teil 2: Margarete Trappe und der Traum von Afrika«, online unter: https://www.afrikascout.de/tansania-arusha-national-park-teil-2-pioniere-legenden-und-eine-weisse-jaegerin/ (abgerufen am 31.3.2021)

5 »Arusha Declaration – East Africa [1967]«, online unter: https://www.britannica.com/topic/Arusha-Declaration (abgerufen am 4.5.2021)

6 Julius K. Nyerere: »Ujamaa – Grundlage des afrikanischen Sozialismus«, online unter https://www.boell.de/de/navigation/afrika-ujamaa-grund-lage-des-afrikanischen-sozialismus-10245.html (abgerufen am 4.5.2021)

7 United Nations Children's Fund: »Levels & Trends in Child Mortality – Report 2019. Estimates developed by the UN Inter-agency Group for Child Mortality Estimation«, S. 4 f., online unter: https://www.unicef.org/reports/levels-and-trends-child-mortality-report-2019 (abgerufen am 4.5.2021)

8 »Schlosshotel Berlin by Patrick Hellmann«, online unter: https://about.visitberlin.de/schlosshotel-berlin-patrick-hellmann (abgerufen am 31.3.2021)

9 Isabella Arcucci: »Die Hollywoodhills bekommen einen Schriftzug«, Bericht auf BR2 vom 13. Juli 2020, online unter: https://www.br.de/radio/bayern2/sendungen/kalenderblatt/die-hollywoodhills-bekommen-einen-schriftzug-100.html (abgerufen am 11.5.2021)

10 Hollywood, Walk of Fame, FAQs, online unter: https://walkoffame.com/frequently-asked-questions/ (abgerufen am 11.5.2021)

11 ntv.de, Barbara Munker, dpa: »Hollywoods ›Walk of Fame‹ – Erster Stern vor 50 Jahren«, *ntv*, 7. April 2010, online unter: https://www.n-tv.de/leute/Erster-Stern-vor-50-Jahren-article811516.html (abgerufen am 11.5.2021)

12 »Hardy Krüger: ›Ich habe Ruhm und Geld – nur die Zeit rennt mir davon!‹«, *Liebenswert*-Magazin, 9. April 2018, online unter: https://www.liebens-wert-magazin.de/hardy-krueger-ich-habe-ruhm-und-geld-nur-die-zeit-ren-nt-mir-davon-3956.html (abgerufen am 30.3.2021)

13 Dona Kujacinski: »Der deutsche Film-Star im Interview: Ist Hollywood-Ruhm mehr wert als Familienglück, Herr Krüger?«, *Bild*, 25. Dezember 2010, online unter: https://www.bild.de/unterhaltung/leute/interview/interview-ueber-hollywood-ruhm-und-familienglueck-15202196.bild.html (abgerufen am 31.3.2021)

14 »Kirch-Desaster: Leo Kirch ist pleite«, *manager magazin*, 8. April 2002, online unter: https://www.manager-magazin.de/digitales/it/a-190756.html (abgerufen am 31.3.2021)

15 Philipp Zahn, Anna-Lena Weber: »Zu viele Touristen in Venedig«, *Deutsche Welle*, 22. November 2017, online unter: https://www.dw.com/de/zu-viele-touristen-in-venedig/l-41484723 (abgerufen am 23.6.2021)

16 »Immer mehr Touristen, immer weniger Einwohner«, *t-online*, 14. November 2016, online unter: https://www.t-online.de/leben/reisen/europa/id_79538446/venedig-immer-mehr-touristen-immer-weniger-einwohner.html (abgerufen am 23.6.2021)

17 John Donne: *Meditation XVII*. Original: »No man is an island, entire of itself; every man is a piece of the continent, a part of the main.«

18 »Orangefarbener Diamant erzielt Rekordpreis«, *Handelsblatt*, 12. November 2013, online unter: https://www.handelsblatt.com/arts_und_style/aus-aller-welt/auktionshaus-christies-orangefarbener-diamant-erzielt-rekordpreis/9067074.html?ticket=ST-1827916-Qm5cgeFkT1UnI2acaLc7-ap5 (abgerufen am 25.6.2021)

19 Diese Geschichte hat mir mein Vater manchmal erzählt, als ich noch ein kleiner Junge war.

20 *Ziemlich beste Freunde*, Komödie nach dem gleichnamigen Film von Eric Toledano und Olivier Nakache, deutsche Bühnenfassung von Gunnar Dreßler. https://www.eimsbuetteler-nachrichten.de/kammerspiele-zeigen-ziemlich-beste-freunde/ (abgerufen am 30.3.2021)

IMPRESSUM

© 2021 GRÄFE UND UNZER VERLAG GmbH,
Postfach 860366, 81630 München

EDITION

Gräfe und Unzer ist eine eingetragene Marke der GRÄFE UND UNZER
VERLAG GmbH, www.gu.de

ISBN 978-3-8338-7822-0

1. Auflage 2021

Projektleitung: Miriam Nüberlin
Lektorat: Silke Panten
Covergestaltung: FAVORITBUERO, München
Coverfoto: Markus Tedeskino
Herstellung: Markus Plötz
Satz und Innenlayout: Björn Fremgen, KONTRASTE
Reproduktion: Repro Ludwig, Zell am See
Druck und Bindung: Livonia, Riga

Umwelthinweis: Dieses Buch ist auf PEFC-zertifiziertem Papier gedruckt.
PEFC garantiert, dass Holz- und Papierprodukte aus nachhaltig
bewirtschafteten Wäldern stammen.

Die GU-Homepage finden Sie unter www.gu.de

www.facebook.com/gu.verlag

Ein Unternehmen der
GANSKE VERLAGSGRUPPE

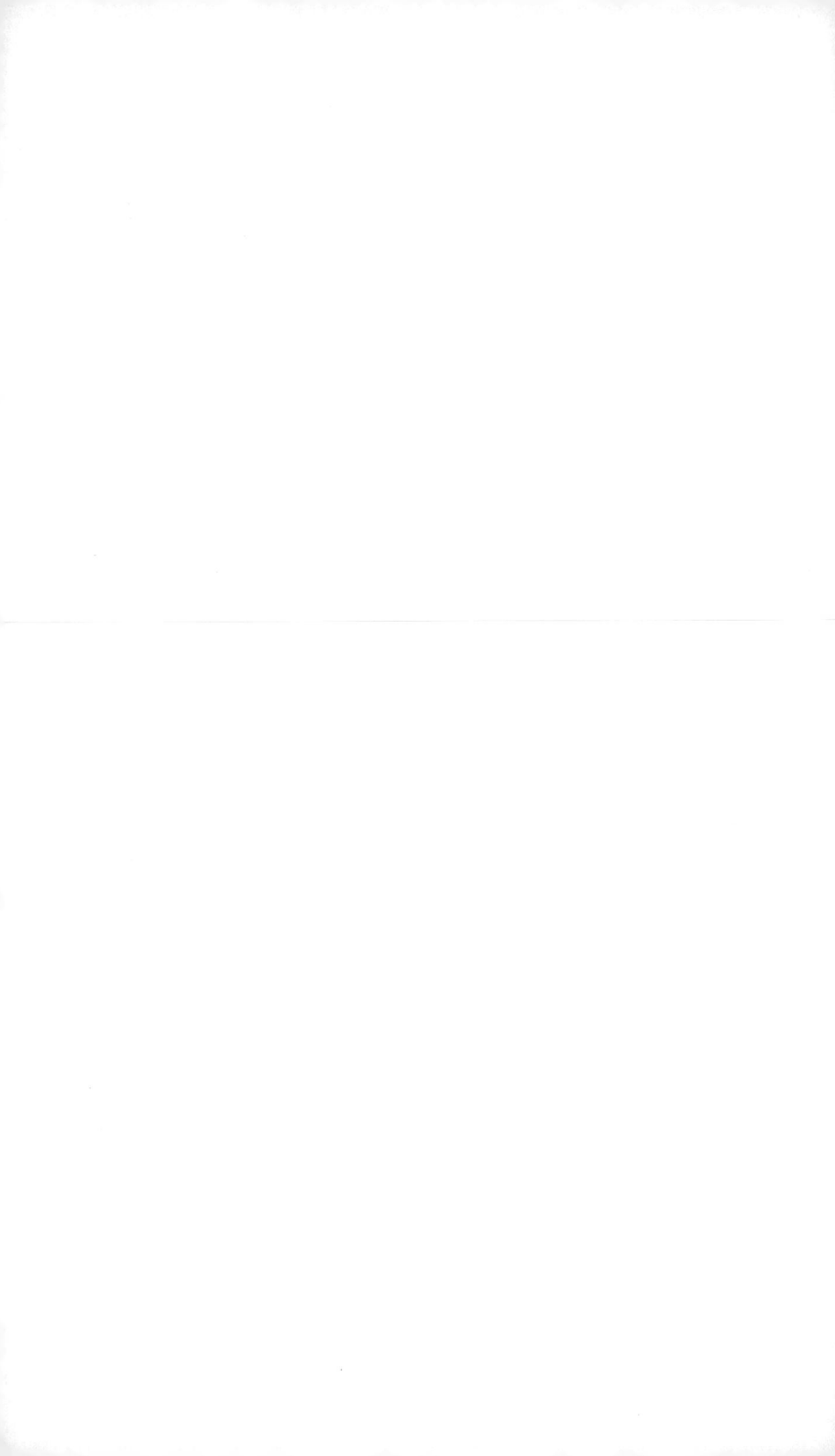